福问

成就
伍福人生的
智慧书

朱亚方 著

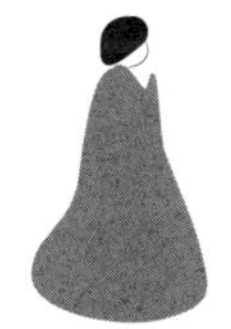

人民东方出版传媒
People's Oriental Publishing & Media
東方出版社
The Oriental Press

图书在版编目（CIP）数据

福问：成就伍福人生的智慧书 / 朱亚方著 . -- 北京 : 东方出版社，2025. 1.
ISBN 978-7-5207-4117-0

I. K203-49

中国国家版本馆 CIP 数据核字第 2024SC2881 号

福问：成就伍福人生的智慧书

FUWEN:CHENGJIU WUFU RENSHENG DE ZHIHUI SHU

作　　者：朱亚方
策　　划：张永俊
责任编辑：王金伟
责任审校：赵鹏丽
出　　版：东方出版社
发　　行：人民东方出版传媒有限公司
地　　址：北京市东城区朝阳门内大街 166 号
邮　　编：100010
印　　刷：华睿林（天津）印刷有限公司
版　　次：2025 年 1 月第 1 版
印　　次：2025 年 5 月第 4 次印刷
开　　本：880 毫米 × 1230 毫米　1/32
印　　张：7.25
字　　数：148 千字
书　　号：ISBN 978-7-5207-4117-0
定　　价：42.00 元
发行电话：（010）85924663　85924644　85924641

谨以此书深切怀念我的爱人宋万福先生

宋自福先生像

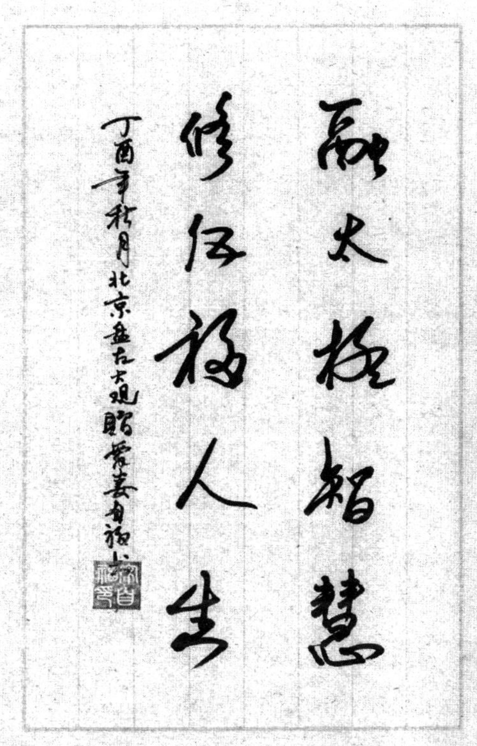

宋自福先生赠爱妻书法

2019 年 8 月 5 日宋自福夫妇在联合国总部（位于美国纽约）参观时合影

序一

伍福之道

老子在《道德经》中说："死而不亡者寿。"孔子在《论语》中说自己的志向是："老者安之，朋友信之，少者怀之。"两位伟大的思想家都谈到同一个话题：人的物质生命可以延展到跨越时空、永远存在的精神生命，后者是人的生命存在的高级形态。"死而不亡"和"少者怀之"可以说是两位思想家对生命价值高度和亮度追求的精准表达。

人的物质生命短暂，如同飞鸿偶然在雪地里留下的痕迹。但人的精神生命可以超越时空，思想真理可以永存人间。唯有执着地传承、丰富、发展并度行思想真理的人，其影响才是长远的。这样的人虽死犹生，永远值得今天的人和未来的人怀念。此乃"死而不亡者寿""少者怀之"的本意。

千百年来，时光流转，岁月穿梭，世代更迭，人类一代又一代，大浪淘沙，能够做到"死而不亡""少者怀之"的人寥若晨星。尽管如此，这并不妨碍世人应当向着这样的生命高度自觉前行。人类社会需要这样的先行者。这样的先行者，如同太阳和月亮普照万物，他们以自己的生命之光赋予使他人、社会呈现动态平衡的无限能量。我的度学知己宋自福先生正是这样的先行者。我认为他的物质生命与精神生命融为了一体。随着时间的推移，人们一定能够感受到他那“死而不亡”“少者怀之”的生命价值高度和亮度。

我与宋自福先生初次相识是在2012年，我向他介绍度学，他对我谈论“伍福”，没想到相谈甚欢，彼此顿感相见恨晚，以至于忘记了饥饿，错过了吃饭的时间。我们不仅能够毫无违和感地切入话题，而且对许多事物的看法也极为相似。

此后相交十余年，每每与之交谈，总能获得心中期盼的共度未来的能量。

宋自福先生是一个对新事物保持极大热情与灵敏嗅觉的观察者，更是一个积极支持新事物发展的度行者、度先生。我所创立的度学是一门揭示“度”的本质和存在形式，把握“度”的规律和方法的哲学新说，是关于动态平衡的智慧之学。宋自福先生一眼就看到了度学的体用关系，他说“万物有度，守正笃实”。他很快就能吸收度学的精髓，将之补充到伍福文化的体系当中，他说“持度守正”是提升伍福修养的原则和方法。

我创立度学的初衷，是因为我发现人类正陷入一种“自我退化”的失衡性危机旋涡之中。这不是危言耸听，而是正在发生的事情。宋自福先生也作出了相似的论断，他指出在全球未有之大变局之下，人类迎来了历史的“拐点”，他说“大脑的商业文明已经到顶，心商业文明亟待重塑”。

在我看来，宋自福先生提出的“伍福”理念，与我倡导的自由、融合、平衡与统一的度正世界，可谓不谋而合，殊途同归。“伍福”就是平衡，“伍福”就是每一个人心中的那个“度”。

在我的印象中，宋自福先生在商业上已经取得了超乎常人的成功，然而他志不在此。他对物质生活的需求极低，总是一身黑色的中式西装。他个子不高，在人群中也许并不显眼，但他外表儒雅，谈吐不俗。他乐于跟人谈论他对“伍福”的创见，他也擅长吸收别人的观点，化为己用。他是医师出身，诊断开方是他的长处，他把这一天赋运用到了传统文化振兴的领域，总能给出不同凡响的洞见。从某种程度上来说，我和他是同一种人，对于物质追求并无多大热情，而对于如何开辟全新的精神领地、建立不同于俗世的学说，充满了不知疲倦的动力。

钟期不可遇，谁辨曲中心。只可惜，他事业未竟，却中途离场。然天人相隔，风范长存。失去这样的至交好友，悲哉、痛哉，实为人生憾事。原以为，“伍福”将就此绝弦，不承想宋自福先生的遗孀朱亚方女士，毅然肩负起了传承伍福文化的使命。这是再好不过的事情了，他们既是夫妻，又是知音。论对伍福文化的熟稔，没有谁能超过朱亚方女士了。

朱亚方女士邀我为《福问：成就伍福人生的智慧书》一书写推荐序，我倍感荣幸。在阅读书稿的过程中，我对宋自福先生的伍福文化，也有了更加全面、更加系统的了解。伍福之道在《福问：成就伍福人生的智慧书》中，福问有道。读罢书稿，不忍释卷，它让我想起，与宋自福先生秉烛长谈、笑语盈盈的场景。宋自福的“伍福”，道出了中国人心中最大的奥秘和生命的真谛。我想，每一个阅读本书的人，都能够为迷茫的人生找到一个“度正”的栖息地，都能够在追求自己的“新度”中达到新的平衡。

李云飞　于度家村泣笔

2024 年 11 月 7 日

（李云飞，号度知，度学家，度学创立者，度体书法创造者。曾任海淀区委常委、区委宣传部副部长、东升乡党委副书记、香山街道党工委书记、区委区政府政策研究室主任、中关村科技园区发展区规划建设领导小组常务副组长、中关村街道党工委书记、海淀区政协常委、海淀区科协常务副主席、北京市科协常委、北京科技大学度学院院长等职。）

序二

筑梦　追梦　圆梦

——宋自福与他的“伍福梦”

2015 年是中国人民抗日战争暨世界反法西斯战争胜利 70 周年。当年 3 月，国务院专门发布了主题为“铭记历史 缅怀先烈 珍爱和平 开创未来”的活动通知，受到了社会各界人士和团体的支持和响应。

彼时，宋自福受家国情怀的驱使，为纪念伟大的抗战精神，他不仅付出了大量资金，还投入大量精力，付出了很多心血。

出于对宋自福先生一颗赤子之心的欣赏，那段时间我多次前往他的办公地，与之进行热烈的交谈和探讨。

宋自福是一位具有浓厚儒商气质的企业家，在他身上人们甚至看不到任何商人的影子。他对中国传统文化有非常深刻的见解，对中外人文历史、现代科学也颇有研究。

我们从伍福文化谈到量子纠缠，从太极智慧谈到“化堵联盟”，他的奇思妙想总是在不经意间直达人们的心门，让人有茅塞顿开、恍然大悟之感。

早在2012年，宋自福就发起成立了一个文化团体，定期组织文化界、商界的精英人士开展研讨活动。

在休息之余，大家还会练习他与太极宗师陈小旺共同研创的“伍福九太极”。这是一个思想激烈碰撞的社交盛宴，也是一个“身企同治”的养生课堂。

我对宋自福先生的第一次采访，也是从这里开始的。

他说：“梦是这个时代最有能量的词。习近平总书记在参观《复兴之路》展览时，提出了实现中华民族伟大复兴的中国梦。那么，对民众而言，还有与国进行呼应的家庭梦。几千年来在中华大地上，人们共同期盼的‘五福临门’这个美好的愿望，正好构成了每个家庭都追求的‘伍福梦’。”

与宋自福先生交流，他表现出来的睿智和风度，令人十分难忘。他谈论伍福文化，滔滔不绝，金句频出。尤其是他对伍福梦的解释，可谓恰到好处地把握住了新时代的脉搏，是传统民俗文化一次与时俱进的大胆创新。

优秀的传统文化之所以能够传承下来，不在于它最初是什么内涵，而在于它的包容性和延展性。“伍福”正好具备这样的特点，它被医学科班出身的宋自福视若珍宝，其内涵得到了重新锻造。

那么，什么是伍福呢？很多人真的回答不上来。我们都听说过“五福临门”，那宋自福为什么要说“伍福临门”呢？宋自福反复强调，他说的“伍福”中的“伍”字是带有单人旁的，千万不能写错了。

他的解释是这样的，一是“伍福”合于《周易》中的五行，伍福包含了人生的各个方面，是圆满人生的幸福标准；二是数字“五”加上单人旁，合乎“人事”，是与每个人息息相关的福祉，离开“人”谈“五福”如同空中楼阁、无源之水、无本之木。

当时我听完他的话，不由得拊掌称赞，这个解释太贴切了。如果“五福”只是五种追求，那就是正确的空话，入不了人心，而“伍福”直击命门，它是人生价值的终极指向，则可以深入人心。

人民有信仰，国家才有力量。实现中国梦，需要国家力量，也需要建立民族信仰。在这个浮躁的社会，用最快的时间获得最大的利益成了一些人的理想。很多人感到压力越来越重，灵魂越来越空。人与人之间愈加淡漠，生活沦落成了一个时间的载体，再无人愿意去细细品味。究其根源，是缺少生活智慧，缺少心灵寄托与信仰。

9 年前，我撰写的《专访著名伍福文化学者宋自福：亿兆炎黄孙，伍福国之宝》发表在《中华英才》半月刊的“名人天下”栏目，在社会上引起较大的反响。我对伍福文化的理解，可谓“丽则丽矣，然未尽其理也”。我也曾想再与宋自福先生促膝长谈，海阔天空，纵横古今，却未料到数年以后，宋自福先生身体欠安，顿生变故，自此生死两茫茫。但是，人去人缘在，人去精神在，人去风范在，人去梦想在。

如今再忆宋自福先生，斯人已逝，幽思长存，天意弄人，唏嘘难眠。一个致力于传播伍福文化的思考者，他的精神遗产并未随着他的离去而黯淡，相反它绽放出更绚丽的光芒，正在照进更多人的胸膛。宋自福的“伍福梦”，融聚了伍福文化与太极智慧的精华，引领人们对智慧、对精神的追求，能为我们的内心植入一颗伍福的种子，让人们相信，未来只会更加清晰美好。

陈复尘　于北京

2024 年 11 月 8 日

（陈复尘,《中华英才》专家委员会委员,《中华时报》原副社长、副总编辑。）

目录

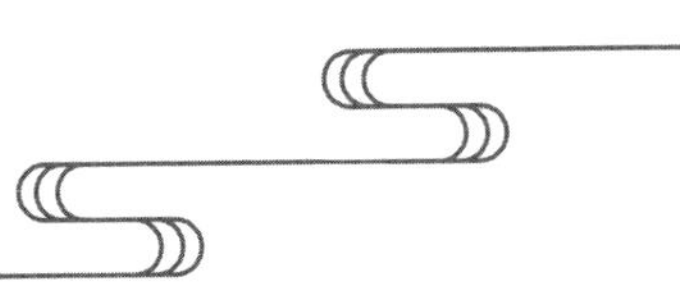

引言

碌碌人生求无尽，不知所求是为福

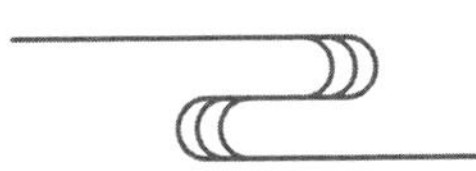

在时光的涟漪中，人类一直在追问“幸福”的答案。对于这样一个千古难题，古今中外关于它的探讨从未停歇。

儒家至圣先师孔子云：“饭疏食，饮水，曲肱而枕之，乐亦在其中矣。”孔子的得意弟子颜回，“一箪食，一瓢饮”，身处陋巷，也不改其乐。他们以仁义作为追求，幸福与贫贱富贵无关。

被奉为亚圣的孟子，将人生的幸福做了进一步延展，他提出了“君子三乐”，它们分别是父母俱在、兄弟无故的人伦之乐，仰不愧于天、俯不怍于地的道德之乐，得天下英才而教育之的师友之乐。在孟子看来，因拥有这种良好的家庭与社会关系而产生的幸福感，与物质生活是否富足没有关系，甚至称王天下都不能与之并列。

道家的老子则认为“福祸相依”是生活的基本状态，他反对享乐主义，认为纵欲不仅损害身体健康，而且“令人心发狂”。所以他认为幸福就是“知足常足”，主张“见素抱朴”，顺应自然规律才能“往而不害，安平泰”。

庄子显得更为豁达，他充分意识到“吾生也有涯，而知也无涯”，承认自我认知的局限性，才是通晓天道的开始。他认为依仗外物、畏惧死亡、为情所困，是一切不幸福的根源。不过，他也指出幸福是有相对性的，这是由环境和认知决定的，这种相对的幸福不是庄子的终极追求。庄子认为要想达到“乘天地之正，而御六气之辩”的逍遥之境，必须做到“无为”。

“无为”不是无所作为，而是不要人为干预天道，应该认识自然规律，一切按规律办事，方能“无为而无不为”。所以，有时候越努力，并不一定越幸运；希望越大，失望也可能越大。因为违背事物发展规律的努力，终将徒劳无果。

在生活中，当我们意识到自己“无知”时，最好不要为了掩盖“无知”，而作愚蠢的抗争。世界本无神迹，那些未卜先知的人，或那些在我们看来押对命运的人，不过是看透了事物的本质，做了顺应客观规律的努力而已。

有人问古希腊哲学家泰勒斯：“世上何事最难？”泰勒斯说：“认识你自己。”人性最大的顽疾，就是眼睛总盯着别人。人一旦有了分别心，总是喜欢跟别人比较，看到别人买车、买房，赚了大钱，自己就会异常焦虑，内心痛苦。其实，你不知道，你站在桥上看风景，看风景的人在楼上看你。

一、到底是什么，让你感到不幸福

记得央视曾经有一档特别调查节目：幸福是什么？

记者在街头随机采访，得到的答案五花八门，令人啼笑皆非。有的人极不耐烦，有的人敷衍塞责，有的人满腔怨气……他们没有正面回答自己对幸福的理解和感受，表现出来的是相当不幸福的状态。

我们应当认识到这样一个客观现实，那就是“现代性”和“全球化”瓦解了中国农耕社会时代的生产关系和社会关系。计划经济时期，中国的社会主体还是农民。改革开放之后，社会变化太快了，一些人还来不及适应。虽然今天的物质生活的丰富性远超古代，但有些人的思想观念还没有更新换代。

“70后”“80后”应该记忆犹新，在改革开放之初，人们没有觉得自己有多不幸，因为大家在物质上都比较匮乏，没有什么可比较的。到20世纪90年代，家庭之间的贫富差距开始拉大。谁家买了彩电，谁买了摩托车，谁用上了“大哥大”……没有对比，就没有伤害！原本比上不足、比下有余的确幸，就变成了自惭形秽、高攀不起的失落，于是有人的幸福感暴跌。

2010年，有一名女嘉宾在相亲节目《非诚勿扰》中说：“宁可坐在宝马车里哭，也不想坐在自行车上笑。”此言一出，刺痛了社会的神经，这名女嘉宾被贴上“拜金女”的标签，吸引了广大观众的眼球。哪管什么社会争议，反正节目效果达到了，女嘉宾出名了，《非诚勿扰》也火了。这眼球经济堪比现在的流量经济，可惜那时尚未流行“直播带货”！

为什么暴发户总是让人嘲讽，为什么网红起初不被人认可？在消费主义、功利主义、拜金主义等侵蚀之下，人们毫无防备地陷入一种内在的矛盾之中。一方面痛恨那些为了“搞钱”“成名”不择手段的人；一方面嫉妒，为什么自己不是那些人中的一个！我的先生宋自福对此指出，“这是吃肉也骂娘的时代”。说白了，就是吃着碗里的，想着锅里的，搞不清楚哪些是自己真正需要的，这样的人容易被人牵着鼻子走，所以他们活得拧巴和纠结。

我先生说，我们现在所处的世界，正在发生一系列重大变化，全球进入历史性拐点。物质世界的飞速发展让人欲眼迷离，我们内心的精神家园却荒草丛生。这是“百年未有之大变局”，东西方之间不仅在技术上进行激烈交锋，在思想、文化层面也肉搏对抗。我们每个人，都难以置身事外，困惑、愤懑、孤独、痛苦、压抑等不良情绪会如影相随，极易让我们迷失在城市丛林中。

尼采在他的《曙光》一书中，将那些在现实世界里难以适从、精神世界游离不定的人，称为“流浪汉”①。尼采认为，这些人的精神没有依托，人生没有锚点，他们随波逐流、油嘴滑舌，不知道自己从哪里来，也不知道自己要到哪里去。我们由此来观察自己身边的世界，那些总是在打听赚钱的路子、总是急于表达自己欲望的人，不就是尼采眼中的“流浪汉”吗？一个在精神世界流离失所的人，不会去深入思考隐藏在内心的奥秘，也终将失去真正的“想象力”和“创造力”。

二、你是想要有福，还是比谁更有福

我的一个同学，毕业后考上了地方公务员，后来娶了另一个系统里某干部的独生女。相比于同龄人，他们从未为房子、车子发愁，在外人看来事业稳定、家庭美满，是妥妥的人生赢家。而

① 学会孤独——哦，你们这些可怜的流浪汉（也有人译成“油嘴滑舌之徒”），游荡在世界政治之大都市……（《曙光》171 条）

一次出差，我跟他相聚，才知道他也痛苦不堪。家庭琐事长期积累产生了怨愤，夫妻两人性格和脾气的冲突就暴露出来，彼此长期冷战，甚至到了要离婚的境地。

不要相信表面看上去的幸福。有的人事业有成，但婚姻生活一败涂地。当激情消退，生活回归到日常，如果不能相互包容，彼此欣赏，那么幸福也会掉色。有人说，等自己有钱了买艘游艇周游世界，然而他不知道那些拥有过游艇的人的幸福可能只有两天，一是买到的那天，二是卖掉的那天。当人解决了生存需要，就会有更高层次的需求，也会带来新的烦恼。

马云成为中国首富之后，在接受媒体采访时说，他最后悔的事情是创立阿里巴巴，因为没有时间陪伴家人，而最幸福的时光是他大学毕业每月领着 91 块钱的工资当老师的时候。

很多人也许对马云这番话嗤之以鼻，认为这不过是成功者的“凡尔赛”。实际上不是，只是因为处境各异，人类的痛苦并不相通。我们总是轻信，财富、名利一定能为我们带来确定的幸福感，事实上那些功成名就的人，在我们看不见的角落，也有让他们黯然神伤的故事。当财富积累到一定程度，他们所承担的社会责任与企业发展压力，非常人所能承受。

莫言在获得诺贝尔文学奖之后，央视《面对面》的记者董倩对他进行了专访。董倩问：“您幸福吗？”莫言回答：“幸福就是什么都不想，一切都放下，身体健康，精神没有任何压力才幸福。我现在压力很大，忧心忡忡，能幸福吗？但是我说我不幸福，你就会说太装了吧，刚得了诺贝尔奖还不幸福？”

为什么莫言知道什么是“幸福”，他却还是“不幸福”呢？我曾就这个话题向我的先生请教，他说莫言纠结的根源是他“放不下”社会对他的期待。有些明星、网红也很痛苦，明明钱赚够了，想躺下来好好享受财富带来的美好生活，却不能不顾投资人和粉丝的期待。所以他们有时候不耐烦了，看起来耍大牌，实际上是真实内心的袒露，却损害了他们在粉丝眼中的人设！

这些年来，随着移动互联网的发展，特别是抖音、快手等短视频平台的崛起，我们每个人都成为流量，被分类贴上各种标签，以便主播、商家和平台更好地变现。尽管我们拥有了比前人更为宽广的视野，但我们也容易被大数据摆布，成为“信息茧房”中的可怜虫。

当你刷短视频看到别人20来岁就开上了豪车，反观自己30来岁尚一无所成，不要因此感到羞愧和焦虑。认真的话，你就输了。其实，豪车可能是花大价钱租来炫耀给你看的。不可否认，有很多头部主播吃到了流量的红利，但是精神世界依旧一贫如洗。他们摆弄方向盘、炫耀名牌穿戴，却充分暴露了曾经生活的匮乏，希望引起他人的关注，慰藉精神的虚空。

所以，在别人身上追问幸福的答案，如同缘木求鱼。古代哲人说：“行有不得，反求诸己。”我们总是当局者迷，其实你不知道所有的至暗时刻不是没有人懂你，而是你不懂自己。歌德说：“凡事溯本求源，人最终只能依靠自身。”一个不断向内探索的人和一个被外物羁绊的人，他们在追问幸福的道路上，注定有不同的福报。

三、如果追求错了，又怎能得福呢

这些年，我跟着我的先生在研究伍福文化的道路上，曾在不同的场合，向那些身家过亿的老板讨教过他们的幸福体验。大部分人说在赚到人生的第一桶金时，幸福感最强，此后随着财富的累积，幸福感慢慢消退，最后财富只是一串无趣的数字。他们承认财富能带来满足感和安全感，但不能消除烦恼和痛苦。

普林斯顿大学认知心理学家丹尼尔·卡尼曼曾对1000多名美国人的年收入与幸福感进行了研究。他发现，随着收入的增加，幸福感确实会提升。不过令他意外的是，当一些人的收入持续增长，他们的幸福感却没有出现持续的明显的提升。

2016年，支付宝与央视携手，在新的一年到来之际，共同推出了"集五福"活动。观众只要集齐了富强、和谐、友善、爱国、敬业五张"福卡"，就可以参加总额2.15亿元大红包的抽奖。一时之间，9亿张福卡被迅速分发出去，人们相见必问福卡，全国上下亿万观众陷入狂欢之中。有的人因没有集齐福卡而懊恼，有的人还因此上当受骗，原本该皆大欢喜的活动，却让人感到失望。

究其原因，人们"集五福"的动机变味了，不是为了收到祝福，而是为了抽奖。中国人历来有祈福、修福、惜福的传统，老一辈人看到别人儿孙满堂，总是不禁会夸："您真有福气！"可真正理解福的奥秘的人又有多少呢？

先生说，中国人对幸福的理解错了，绝大部分人只停留在

“幸”字的层面，没有触及核心“福”。对于“幸”字，《小尔雅》解释为“非分而得谓之幸”。正如国人在“集五福”时所暴露出来的众生相，贪图那些不切实际的意外之财。这就好比把买彩票当作致富手段的人，总希望大奖砸在自己的头上，像极了那个守株待兔的农夫。此类非分之得，只能谓之“幸”，而非“福”。

非分之得当然让人快乐，但这种情绪是被欲望操纵的傀儡。人的欲望是无止境的，当欲望不能被满足时，患得患失就会徒增痛苦。我的先生说，我们需要一场脑内革命，澄清我们对幸福的片面理解，扫除那些干扰我们内心觉醒的杂念，从而更好地建构自己的生命价值。

“幸福”一词是个舶来品，古今并不同义，在古代汉语中也很少用。虽然有“不幸福，斯无祸”（不希求福运，就没有灾害）的说法，但“幸”在这里是“求”的意思，幸福也就是祈望得福。

那什么是福呢？很多人都认为升官发财就是福，其实不然。官当得再大，钱多得花不完，但如果没有好身体，有福也享受不了。我们的祖先很有智慧，他们认为真正的福是“五福临门”。《尚书·洪范》中提到“飨用五福”，一曰寿，二曰富，三曰康宁，四曰攸好德，五曰考终命。为什么是“五福”，而不是四福或六福？这不是巧合，而是合乎易理的。《易经·乾卦》第五爻的爻辞“飞龙在天”，就代表事物发展的最佳状态，再往前，就会“亢龙有悔”，就会过犹不及。所谓“尽人事，听天命”，既然事物有它运转的规律，我们要做的就是在遵循客观规律的基础上，积极、大胆地发挥主观能动性，创造美好生活。所以我先生说，中国人心中最大的奥秘是“伍福临门”。只有给五字加上人字旁，才能体现“五福”的现实意义和当代价值。

怎样才能得福呢?《尚书》认为“福”的反面是灾祸，它通常不是无缘无故地降临，而是由上天决定的。古人之所以这样认为，是因为他们的认知受生产力水平的限制。《尚书》是中国最早的一部历史文献汇编，学界普遍认为它最早诞生于3000多年前，但它不是成书于一人一时，而是历经了先秦诸子之手，时间跨度比较大。它代表了上古时期国家治理阶层的一种理念，即人间的福报与灾祸都是由上天主宰的。上天是赐福，还是降灾，关键在于天子、人君或居上位者的“德”。那“德”又是什么呢?在甲骨文中，“德”的字形是十字路口向前看的一只眼睛，代表作为行为主体的人应该走直道。《周礼》对“德”的解释就是一个人的内心品质和行为规范是一体的。我们知道周朝是“以礼治国”，不仅上位者要根据上天的旨意规范德行，臣民也是如此。所以，我们就可以理解古代“飨用五福”的关键在于“攸（通‘修’）好德”。

先生对古代五福做了发展性思考，用大写的“伍”来替换“五”，他认为随着历史的发展及“五福”的民俗化，“飨用五福”不再是上位者的恩惠，而是每个普通人都应该去追求的人生幸福的五个价值标准。他曾说，“伍福临门，启在康宁，成在好德”，又说“康宁是伍福之首”，作为行为主体的人，只有大脑意识层面觉醒，才能真正开始修持自己的德行，从而走向伍福人生。

这是一个智慧觉醒、自我完善的过程，也是先生所说的“福慧双修”——融太极智慧，修伍福人生。要走完这个过程，达成这一目标，对很多人来说是不容易的，因为我们的想法和行为在外界的影响下会逐渐变形，所以“心劲是关键”。先生提出了一个概念“心劲为上开心窍”。就像尼采所说，“那些不能将你打败的，都将使你强大”。事上磨，心上炼，不断增强“反脆弱”的能量，我们才能摆脱被意欲操纵的人生困境，奔赴更加清晰美好的未来。

中国古人说，福生于微，祸生于忽。当今时代，变幻莫测，社会纷繁复杂，社交媒体的虚荣、对物质主义的崇尚，让许多人感到迷茫。如何在这种生存环境中找到幸福，成为一个有福之人？我想我的先生对幸福的思考及其对伍福文化的建构，有非常重要的借鉴意义。

或许，正是因为我逐渐读懂了我的先生，领会了智者的思考方式，才获得了内心的宁静与精神的祥和。在心性自足的过程中，我发现了我先生所指引的伍福乐土。这是我记录先生的言行、解析先生的智慧，分享他的伍福文化研究成果的初心和动力。

本书在提到我先生宋自福的观点时，均是援引他的谈话。希望读者朋友和我一起，在他的指引下，立足于中国传统文化的博大智慧，于当代社会的多元化价值观交汇之处，找到属于自己的精神锚点。

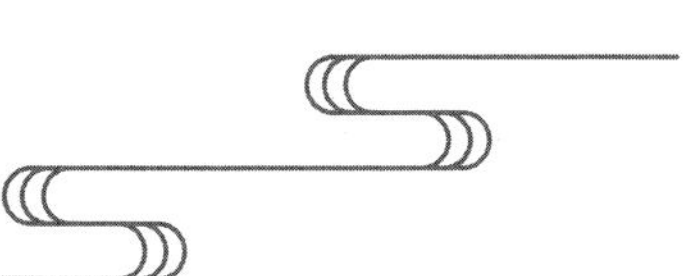

第一章

抚今追古，厚德载福

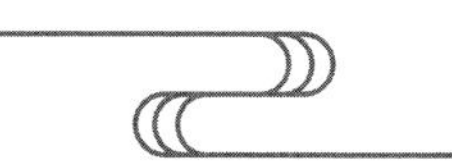

3000 多年以来，五福文化犹如一座悠悠古城，沐浴着历史的光辉，凝聚着先贤的智慧。宋自福先生以箕子的“五福”观为基石，结合太极智慧和现代人文思想，重新塑造了以长寿、富贵、康宁、好德、善终为核心的“伍福文化”。它不是一套知识体系，它是一种生活哲学，指引人们更好地把握生活，体验生命的乐趣，应对人生的磨砺，达成一个更加美好的人生。

在先生的启迪下，在追寻伍福的旅途中，我们不仅可以探寻箕子所寄予的五福之美，使福祉成为内在修养的一部分，而且能够从古往今来的贤达智慧之中，从内心深处追问幸福的真谛，从而超越表面的功名利禄，去体味生命的价值。

长寿福，不仅仅是岁月的累积，更是对生命的崇敬，是在健康与长寿之间达到平衡的艺术。富贵福，超越了对物质的追逐，更体现心灵的富足，是对内在价值的深思。康宁福，是身心和谐的表现，是追求平衡、远离烦忧的智慧。好德福，代表了品德高尚的境界，需要在人生旅途中持续不断地提升和修炼内心。善终福，是对生命最终阶段的和谐安详的追求，是生死轮回中的一种境界。

有一部动画短片叫《苍蝇一分钟的生命》，讲的是一只苍蝇刚刚降生，就需要按照死掉的老苍蝇留下的生命清单，去做一只苍蝇一生该做的事情。时间紧迫，来不及思考，它马不停蹄、竭尽全力，终于在一分钟之内基本完成了这份清单上所列的事情。可它在生命的最后一秒，才想起自己从来没有仰望过星空，然而它的一生却戛然而止。在物欲横流、消费主义大行其道的当今社会，我们何尝不是活在别人的规训中，有人甚至从未思考过自己存在的意义。先生重构“伍福”，正是希望人们能够从内在觉醒，不要受外界噪声的干扰，走向一条通向内心平静和幸福的大道。

抚今追古，福慧同行。本章是对古代箕子五福的深度理解，也是对当代社会追求内在幸福的回响。让我们在传统文化的瑰宝中，汲取智慧，让福文化的种子在心灵深处生根发芽，绽放出更为璀璨的生命之花。愿伍福文化成为当代人修身养性、追求真善美的引导，使我们的生活更加丰富、更有深度，成就内外兼修的真正幸福。

一、千年福心，源远流长

中国人崇拜祖先，中国有很多传说是关乎祖先的，这些文化深刻地影响着我们现在的生活。

——宋自福 2018 年 7 月 16 日

先生说，中华福文化源于祖先崇拜，在我们向列祖列宗祈福时，汲取的是一种跨越时空的营养。

中华文明源远流长，在我们探寻祖先的足迹时，站在当下的时空向历史的深处遥望时，我们会发现一个“福”字，几乎贯穿了一部卷帙浩繁的中华史。

在中国庞大的汉字体系中，没有哪个字能像“福”字一样，寄托着华夏儿女独特的民族情感和丰沛的精神力量。

“福”字，在3500多年前的甲骨文中就已经出现了，这是其有史可考的最早来源。也许在甲骨文之前，“福”就已经存在于我们祖先的认知中，但是沧海桑田、岁月如烟，我们已经难以追溯它更早的摇篮。

“福”，是一个会意兼形声字。在甲骨文中，“福”字由三部分组成：左边是“示”字，表示祭台；右边是“酉”字，代表酒樽；中间是两只手，表示双手捧着酒樽进行祭祀。这个字形展示了古代人们用酒来祈求神灵保佑和赐福的场景，体现了“福”字的本义——保佑、赐福。

可以说，“福”从它的诞生之日起，就成为中国人记忆深处共同的文化符号。

在中国古人的眼中，“福”是神灵和祖先的恩赐。这种信仰，构成了中国人精神文化的一部分。我们在祭祀祖先时，将自己的遭遇、处境一股脑倾诉给祖先，并供奉作为稀缺品的酒和肉，希望他们可以为我们指点迷津，给予我们庇佑。

西方人也许会觉得我们的祖先迷信，祈求那些玄之又玄的好运，然而他们怎么会知道，正是由于我们热衷于歌颂祖先，描绘他们的英雄事迹，并从中汇聚共识、团结氏族，获取勇气和力量，从而创造了热血沸腾、丰富多彩、从未中断的古老文明。

当然，在中国古文字中，“福”是“家”的另一种写法。这种情感的连接是有渊源的。在西周金文里，“福”字有一种写法，就是带了一个“宀”（宝盖头）。它是福的一个异体字，正如《史记》所说：“父慈子孝，夫信妻贞，家之福也。”

西周中期金文“福”字

2019 年，有一部微电影《七里地》上映，影片以一个“福”字，串联起一个家庭三代人在 70 年的时代变迁中发生的不同故事。许鞍华导演是出生于辽宁鞍山的香港人，她将自己对故土的依恋之情，借助一个简单的福字，融入一种穿透时空的浓烈情感。正如片中的台词“福到了，家就到了……”，对异国他乡的游子来说，“福”就是余光中笔下的那抹“乡愁”。

为什么中国人到了过年总想着回家？为什么只有在中国才有“春运”这种全球最繁忙的交通现象？孟子“君子三乐”讲的第一乐“父母俱在，兄弟无故”，是中国人数千年来享受人伦关系最大幸福感的来源。因此，每个中国人都知道，家就是福。

先生时常说，我们的“福”在家里呀！父母健在、兄弟无故、子女安康，世间最美好的“幸福”莫过如此了。

福，是家的写意。当我们在一个落脚处贴上福时，我们的内心就已经把这里当成家了。

千百年来，中华民族将福的种子植入心田，为此创作了美妙的诗词歌赋和感人的故事传说，通过一代代人的耕耘，共同谱写了百花齐放的民俗文化，如“福倒（到）”“五福临门”“天官赐福”等祈福消灾的吉利话。我的先生酷爱书法，他说一个“福”

字，常写常新，包含了中国人取之不竭的传统智慧。

所以，中国人对于“福”有一种言之不尽的情感。

也许每个人对“福”有不同的解读，但在我看来它是一种家族精神的纽带，它是父母望眼欲穿的牵挂，更是一声声饱含热泪的祈愿。在无数个辗转难眠的夜晚，当我们独自忍受漂泊的孤独时，它还是一盏温暖的明灯，照亮我们的胸襟和视野。

二、行善积德，福有攸归

> 常言讲，三十而立，我认为立的就是德，即一个人的德行。德行不立，这个人是永远立不起来的……我曾经写“医德就是疗效”，如果没有医德，就没有信任。医院治病，关乎生命。医院没有买一赠一，药又苦又贵，但是为了治病，必须吃药。是药三分毒，病人为什么敢吃你开的药，因为他相信你的“医德”。
>
> ——宋自福 2015 年 4 月 9 日

“一口田，衣禄全”，就是这样一个简简单单的“福”字，对中国人来说，已近乎信仰。中国人崇福、修福、纳福、惜福，“福”是一切美好的代名词。古往今来，多少名门世家，无一不渴求家业兴旺、福禄双全。

过去大户人家，大门内的影壁上会刻一个大大的“福”字，寓意开门见福。过年时，古人会在门窗上贴上一幅年画，画中神仙头戴官帽、脚踏祥云、蝙蝠环绕，手里拿着如意或脚下寿桃簇拥，名为“天官赐福”。有时候，我们会发现一些福字的“田”部未封口，可不要以为是写了错别字，其实它的意思是“洪福无边”。

对于家丁兴旺、家庭和谐的人，我们都称之为有福之人。因此，古人成亲时，会将家族或当地年纪最长的夫妻邀请过来吃喜酒，希望得到他们的祝福，能像他们一样白头偕老，子孙满堂。即便是现在，很多地方在接亲时，一定要让儿女双全的亲戚陪同，这样可以沾沾“福气”。

人人争做有福之人，谁也不想无福消受。那么，中国人孜孜以求、无限向往的“福”，到底从何而来呢？

《太上感应篇》有言：“祸福无门，唯人自召。善恶之报，如影随形。是以天地有司过之神。”意思是说，人的祸福没有门路，完全都是自己招致的，行善或者作恶的后果，就像人的影子一样是摆脱不掉的，所以在天地之间，有专管是非对错的神明。

唐代裴度，年少时家道中落，曾找一位高僧看相，高僧说他将沦为饿死街头的乞丐。一个月以后，他又遇到这位高僧，高僧却说他日后将入朝拜相。裴度很疑惑，他说为什么两次看相结果不同呢？高僧说，我见你眼中有光，你最近一定是做了积德的好事。

原来，不久前裴度捡到一条玉带，他在原地等失主，等到了深夜，行人都说别等啦，你已经仁至义尽了。裴度不以为意，坚持要等下去，后来失主果然寻来，他把玉带还给失主，还婉拒了酬谢。正是从这件事后，他开始做行善积德的事情，最后考中进士，成为唐朝中期的七朝元老、中兴之相，他的功德堪比郭子仪。

世人都在祈福、求福，但有些人往往本末倒置、缘木求鱼。先生说，“福”的奥秘都在一个“德”字之中。其实，我们的祖先早在西周时期，对“德”就有了人文认识。《尚书》记载，周代商而立的根本原因，就是依仗了祖先累世所积的懿德。

不过，老子说的“德”是指顺应自然规律，而孔子讲的“德”是完善人格、提升品行。孔子主张“有教无类”，在他看来，修德不是贵族的专属，无论是贫穷还是富贵，修心养德的人都能成为君子。先生指出，孔子说的“三十而立”，立的是德。如果把“立”看成“成家立业”是狭隘的，因为孔子强调的是“德福一体”的观念。

古训有言：“行善积德，福有攸归。”这对我们的启示就是，但行好事，莫问前程，人为善，福虽未至，祸已远离。“幸”的古义就是“侥幸”的意思，例如古人说“非分而得曰幸”“武不行而胜，幸也”“小人行险以侥幸”，等等。可以说，自古以来，中国人的基本价值判断是：一切违背规范和法律而得到的地位、身份、利益等非分之福是不被认可的。

当今世界，科技发展日新月异，新物种、新模式、新业态不断涌现，同时也带来了法治监管的空白，许多人为了一己私利铤而走险。例如，食品安全问题背后的“科技与狠活”、直播电商中的虚假人设与卖货剧本、互联网公司的大数据杀熟与隐私信息泄露，等等，侵害了普通人的合法权益，遭人诟病。在法律和监管缺席的地带，传统的公序良俗与伦理道德依然具有现实意义。

我先生是医者出身，他说为什么病人相信医生开的药，这是由“医德”决定的。如果医生没有“仁心”，那病人对他就没有信任，也就不敢吃他开的药。“医德”并非一个医生的操守，而是一代代医生秉持的“救死扶伤”的理念共同铸造的价值观。

“德之不修，学之不讲，闻义不能徙，不善不能改，是吾忧也。”（《论语 · 述而》）孔子的忧虑言犹在耳，它又何尝不是对当今社会那些丧失了职业操守和做人底线之流的热切规劝？人在做，天在看。那些无德之人，就如同无根浮萍，即便一时拥有了“非分之福”，凶祸也可能接踵而至。

三、五福溯源，贯通古今

> 我们祖先留下了“五福”，这是对世人欲望的最好概括，也是世人欲望最全面的体现；祖先又给我们留下了太极，其包含的阴阳变化、刚柔相济的哲学道理又恰恰是处事的无上诀窍；而太极与五福的结合更是将人的欲望与满足欲望的有效路径相结合，这自然是修身、齐家、治国、平天下的至高妙方。
>
> ——宋自福 *2015* 年 *4* 月 *22* 日

当今世界，随着中国的福文化传播到全球，“福”作为幸福与好运的象征符号，被广泛使用于各种场合，如节日庆典、婚礼、新年庆祝等。在对外文化交流中，我们也经常会送给外国友人带有福字的工艺品或书画作品，以传递美好的祝福。

从这个意义上来看，一个“福”字，早已超越了语言和文化，它的美好内涵受到了越来越多外国友人的认可，成为连接中西方文化的纽带。可以说，“福”不仅代表中华民族的精神财富和文化自信，也是属于世界的非物质文化遗产和人类共同价值。

习近平总书记指出，中华优秀传统文化是中华民族的文化根脉，其蕴含的思想观念、人文精神、道德规范，不仅是我们中国人思想和精神的内核，对解决人类问题也有重要价值。（出自 2018 年 8 月 21 日习近平总书记在全国宣传思想工作会议上的讲话）

今天我们谈论的中西方各种社会福利思想和政策，其初衷无非是让普通人生活得更加美好，免受疾病、灾祸的侵扰，幼有所养、老有所依。其实，在 3000 多年前的中国，就诞生了人类最早的幸福观——箕子五福。

箕子是何许人也？箕子是殷商贵族、王室成员，与比干、微子一起，被孔子誉为“殷末三仁”。箕子是商纣王的“父师”，位列三公，他曾对纣王的骄奢淫逸、昏庸无道感到非常痛心，多次劝谏无果，反而受到纣王的猜忌，被迫装疯卖傻，最终被囚禁下狱。后来，殷商灭亡之后，周武王想请箕子出山，并向他讨教治国方略。他们之间的长谈被周人整理成了《箕子》，但是因为时代久远，这次谈话的具体内容并没有保留下来，只在《逸周书》中保留了篇名。但是他的另一篇重要谈话则完整地保留了下来，它就是《洪范》，收录于《尚书》之中。

那《洪范》到底讲了什么？

据说《洪范》由箕子陈述，周朝史官记录，它先概述了“洪范九畴”的产生、传授及其纲目，继而分别详述“洪范九畴”的具体内容，为周武王提供了一套行之有效的治国方略——洪范九畴。

所谓“洪范九畴”，也就是治理国家的九条根本大法，被视为中国农耕社会政治理念的最好表达。箕子上承夏商文化传统，下开“王道”政治思想先河。他在“九畴”的最后一条中指出，民生的核心目标是“飨用五福”：一曰寿，二曰富，三曰康宁，四曰攸好德，五曰考终命。

我们的祖先，最早对“福”的理解比较分散，缺少集中表达。有的人追求富，有的人追求贵，而有的人祈求多子嗣，更多的时候祈福是向神明索取恩惠。而箕子是中国有史以来第一个对“福”的内涵进行全面而系统建构的人，是中国传统幸福观的最早阐释者，可以说后世所有思想家在论述“福”的内涵时，基本在箕子的“五福”理念框架之内。

箕子认为，国家繁荣和人民幸福的关键就是“五福”。不仅国家治理要追求“五福”的境界，而且对臣民的要求也要遵循“五福”的标准。可以说，对于上位者来说，“五福”既是目的，也是手段。从箕子在《尚书·洪范》中谈到第九畴时说“飨用五福，威用六极”就可以看出，“福极”连用讲的就是恩威并施，目的都是“彝伦攸叙”[①]。

箕子的“五福”思想具有先后承续的递进关系，他认为寿命的延长与人民的富裕息息相关，健康的身体是实现幸福的前提，而宁静的心灵和好德的社会则是使人民终养天年、幸福快乐的基础。无论是对君王，还是对臣民来说，要实现五福的目标，都要从第四福“攸好德”开始。这一点在《尚书·洪范》的第五畴“皇极”中说得很明白，君王要做好榜样，让遵循或修行美德的人得到奖赏，让那些为非作恶的人受到惩罚，才能彰显君王的法度，以王天下。

随着历史的发展，箕子对“五福”的阐释逐渐成为后来中华文化中关于幸福话题的经典观念之一。它不仅影响了中国农耕社会的政治、经济和社会制度，也影响了人们的价值观念。自箕子伊始，历代贤达在他的影响下，鼓励人们追求内外兼修，追求和谐与平衡，为实现国家繁荣和人民幸福提供了宝贵的启示。

“五福”，如同一盏明灯，反映了人们对人际和谐、人生幸福的永恒追求，它为中国古人照亮了求福之路，也为当代人播下了开启智慧的种子，指引我们奔赴美好未来。

先生在箕子“五福”理念的影响下，结合太极阴阳智慧和五行观念，以及现代心理学、管理学、博弈论，等等，提出了他的“伍福”主张。他认为，“五福”的五种幸福追求不足以指导人们

① 出自《尚书·洪范》，指法度、伦常有秩序，可以引申为治国理政道德昌明，法度有序。

安身立命，需要融入太极智慧方能让人们领略生命的要义。

那为什么先生不直接套用“五福”，而要说“伍福”呢?

这是因为先生在箕子“五福”的基础上，重新进行了体系化建构，从而提出了“伍福文化”概念。这里包含两个方面的建构，一是重新解释五福文化，二是在伍福中融入太极智慧。

我们先说重释五福文化的缘由。先生曾说，“五福”由来已久，但对于“伍福”，知之者甚少。伍福的“伍”字，有个人字旁，代表的是人事，所以，伍福是合于五行的人事。也就是说，“五福”作为古代君王治理国家的美好蓝图，在历史的长河中逐渐成为老百姓对幸福生活的美好追求。尤其是到了当今社会，每个人都是社会关系中的一个节点，每个人都有其特殊性。了解到这一点，我们才能理解什么是“事在人为”。先生指出，伍福囊括了人生的各个方面，是中国人圆满的人生观，是最高的幸福标准，而我们却弃之不用，实为可惜。

然后，我们再说“太极智慧”。太极是中国传统哲学中一个重要的概念，它代表了宇宙的初始状态，是天地未分化，阴阳未分明的混沌状态。《周易 · 系辞上》说：“是故，易有太极，是生两仪，两仪生四象，四象生八卦……”这里，我们不过多去解释，简而言之，我们在讲“太极”时它的哲学内涵就是，阴阳的相互依存、相互转化和动态平衡。可以说太极阴阳的观念已经渗透到中国人生活的方方面面，比如说天文、哲学、中医、武术、军事，等等，都有太极的思想。儒家的中庸思想，也是太极阴阳哲学概念的一种表达。中庸并非在两者之间简单地取中间值，而是一种不偏不倚，恰到好处的境界。把握好阴阳平衡的关系，认识事物不是机械地秉持非黑即白的视角，在解决复杂的问题时，能够保持冷静、灵活应对，寻求最佳解决方案，这就是太极智慧。

先生说，“伍福”追求的是圆满通融，不可偏废，离不开太极智慧。因此，先生的“伍福”追求，不同于西方幸福学侧重的灵性启迪，它是可以解决个人发展和精神追求的现实问题的。当然，作为学生，我对先生智慧的领悟，还不够深刻。在我看来，一个人成熟的标志是明确人生的价值所在，理解人的情绪和欲望，但不被蒙蔽和支配，才算是走到了伍福人生的正轨上。

四、历代贤达，福慧自足

> 智慧修炼的第一要义是：观。我们既要学会内观，还要学会外观，观表相，明心相，识真相……不经历独立、艰苦的磨难，就不具备拥有上上智的条件，智慧的增长靠的是内心成长，而内心成长的要诀则是经历艰苦磨难的历练。
>
> ——宋自福 2016 年 4 月 11 日

在张艺谋的电影《英雄》中，秦王久久凝视着“剑”字的书法，最终领悟剑道的最高境界是“不杀”。中国历史上也有很多“福”字的书法作品，它们不仅有很高的艺术价值，还包含着丰厚的文化底蕴和人生智慧。

历史上不仅智永、王羲之、柳公权、怀素、张载、苏洵等书法名家、文学家喜欢写“福”字，而且李世民、赵佶、朱棣、爱新觉罗·玄烨等帝王也把“福”字写出了自己的独特风格。当代写福、解福的作品更是数不胜数，“平安福”（吕国明）、“长寿福”（李玉刚）、“雄安第一福”（观同）、“世界福”（李璜之）等新型福字IP遍地开花。这些书法作品在字形上都有独特的风格，也包含了书写者的人生感悟，我们可以从外观去感知书写者的心境，也可以通过内观去审视自己的内心，领悟古人的智慧。

先生对“福”字书法颇有研究。早在2013年他就创作了康宁之福（中华养生福）、好德之福（中华智慧福），后来，他在海南康养的时候又创作了富贵之福（中华奋斗福）、善终之福（中华孝道福）。唯有长寿之福，他迟迟没有下笔，“人命由天不由我”。他不是感慨人生的运势由天注定，而是感叹生命的长度并不一定掌握在自己手中。天有不测风云，人有旦夕祸福，在生老病死的自然规律面前，人力有它的局限性。最后他取了贵为天子的康熙帝所作、象征长寿的“天下第一福”作为长寿之福。

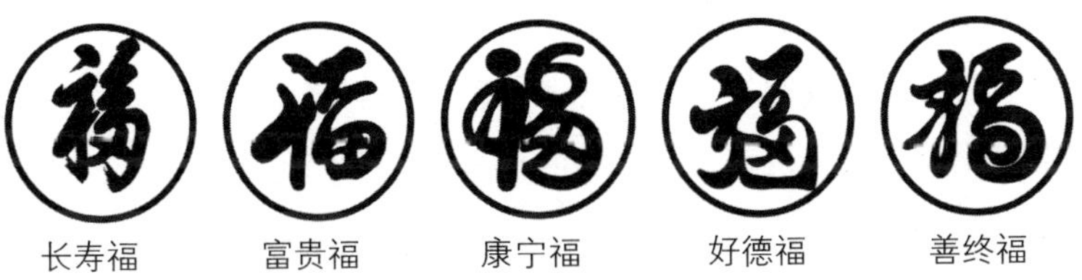

长寿福　富贵福　康宁福　好德福　善终福

古代书法大家在写“福”字的时候，除了寄托美好的希望，字形与笔法还隐藏着某种目的。先生说，当我们看到一个“福”字时，要把自己代入书写者的角色中，并且要学会“观”。观不是外行人看热闹，而是内行人看门道。他说外观时，我们要学会观表象、明心相、识真相。著名的电影《教父》里有一句话影响了很多人——花半秒钟就能看透事物本质的人，和花一辈子都看不清事物本质的人，注定是截然不同的命运！而对于内观来说，先生认为我们要保持时时审视内心的习惯，了解真正的自己。正如《易经·乾卦》所说，“君子终日乾乾，夕惕若厉，无咎”。我们每天都要勤奋、谨慎，想想自己还有哪些需要改进和提升的地方，才能不断精进，免受无妄之灾。

当我们学会了观，我们就能与古人对话，去触摸那贯穿了中华文明的脉络。在漫长的历史岁月中，中国的历代贤达对于“福”的智慧思考和解读，对当今的人们有着巨大的启发。儒家、道家、法家、佛家等学派的先哲们，对“福”都有着独到而丰富的阐释，但他们都共同指向了一种精神维度，那就是何以为人！

中国人经常说：“一命二运三风水四积阴德五读书……”这句话是中国人对决定人生的关键因素的重要性排序，中国人以此作为衡量人生成功的标准。

对于这个问题，儒家的思考维度是我们该如何安身立命。儒家也承认，我们选择不了自己的出身，但我们可以改变自己的心境和修为。《论语》有言：“君子以文会友，以友辅仁。”又说：“君子周而不比，小人比而不周。”在孔子看来，君子可以主动选择价值观相近的人做朋友，不会以短期利益来决定交往时的反应模式。人生在世，我们无法避免与人打交道，那么要建立和谐的社交关系，如果我们像孔子所说保持“仁爱”之心，我们就会朋友多多，幸福也会多多。

如果我们现在的处境并不理想，孔子则提倡“颜回之乐”，即“一箪食，一瓢饮，在陋巷，人不堪其忧，回也不改其乐”。孔子还说，“德不孤，必有邻”。所以儒家认为道德完善，是幸福的基础。宁可粗茶淡饭、曲肱而枕，也不要贪图获取不正当的富贵，那些都是浮云（不义而富且贵，于我如浮云）。

道家认为人是自然的产物。我们这一生该怎么过？老子没有给出“方法论”，他指出福祸是相互依存的，也是可以相互转化的。享福时不要扬扬得意，无福时也不要怨天尤人。庄子则看透生老病死、悲欢离合，他的妻子死了，他不但不哀伤痛哭，反而鼓盆而歌。他认为人无论处于什么境地，都应该豁达、乐观，珍惜自己的身体。

法家思想的集大成者韩非子认为世俗的“福”是每个人都想得到的，他对福的定义就是“全寿富贵”——全，身体健全，空间无缺；寿，尽享天年，时间无漏；富，财货全有，传世后辈；贵，名望双收，泽被后世。他说人的“全”与“寿”是与生俱来的，而“富”与“贵”则需要后天的努力，因而我们要善待自己的身体，以免富贵来到时无福消受。

佛家则开宗明义，说人生无常，本来就苦。佛家认为，贪嗔痴是一切痛苦的渊薮，人要离苦得乐，获得福祉的途径就是提升自己的智慧。佛家的修行方法有内观禅定和静坐冥想，通过观照内心和思考人生的本质来实现智慧。在生活中，佛家强调慈悲与善行，慈悲心有利于建立和谐的人际关系，而善行可以积累善果，从而增加福报。

对于诸子百家、历代贤达关于“福智慧”的观点，先生最为推崇的是明朝大儒王阳明的心学。王阳明主张“知行合一”，强调“心诚”则无往不胜。王阳明说的“心即理”，与先生说的“心劲为上开心窍”，有着殊途同归之妙，本质上都是“知行合一”。

其实道理很简单，真正的智慧不是你想什么，而是你想明白了自己在做什么。我们想要得到什么，那么强大的心劲会支配我们的行为，行为的叠加就是不断实践和探索的力量，它可以扭转现实，改变命运。可以说，这个世界大部分人碌碌一生，过不了自己想要的生活，输就输在执行力上。

我们在感叹没有贵人相助时，又何曾想过首先要让自己变得“值钱”。比如，你说你是一个责任心强、能力突出的人，嘴上说自己如何优秀，别人是不相信的。别人要通过与你打交道，通过一件件事情，反复印证其对你的认识。那么，贵人给你资源、给你投资，或给你指导，他是根据你的心劲和行为作出的判断，知道你是可以成事的人。“贵人”不是守株待兔得来的，而是通过提升自身价值交换得来的。

我们向前人寻求幸福的答案，无非是重塑心智、改变心性，对这个世界拥有更加通透的认识。求而不解时，也许是我们的方法错了；逆流而上时，我们要明白意志力决定胜负；苦而不乐时，我们可以从孔子、老子那里获取改变心态的力量。

真正让我们痛苦的，并不是环境之苦、匮乏之苦，而是我们意志消沉、人生迷茫的内心孤独之苦。不要苦大仇深，让别人怜悯你是天底下最不幸的人，殊不知祸福是可以相互转化的。正如先生说：“不经历独立、艰苦的磨难，就不具备拥有上上智的条件，智慧的增长靠的是内心成长，而内心成长的要诀则是经历艰苦磨难的历练。”

如是，方才踏入“福”的智慧法门！

五、伍福文化，福泽绵长

> 五福源于 3000 多年前的殷周时期，历经千年传承，时至今日依然不衰，可见五福是古代智慧的结晶，底蕴深厚，生命力万古长青；虽然现代人多不接触古学，对由来已久的五福文化知之甚少，但这掩盖不了五福亘古的光华；我们在做的事业就是要重修五福的金库，打开一个“新五福”——伍福的宝藏，造福自己，造福世人。
>
> ——宋自福 2017 年 5 月 5 日

说到“五福”，人们通常想到的是福、禄、寿、禧、财。其实，这是箕子的“洪范五福”在民间的流变，代表了老百姓对幸福、升官、长寿、喜庆、发财五个方面的人生希望。后来随着道教的发展，人们还虚构出福、禄、寿、禧、财五位神祇的形象。

不过，对“五福”最早的全面表达，是3000多年前殷周时期的政治家、思想家箕子。《尚书》记载：文王十三年，武王问箕子治国之道。箕子讲述了洪范九畴的故事，说大禹治水成功，天帝赐其洪范九畴（治理国家的九种根本大法），其中第九畴就是五福，即“飨用五福，威用六极”，意思是说，君王治国是通过上天赏赐五福劝人向善，施以六种惩戒阻止人们从恶。

具体来说，我们首先要明白，为什么先生不直接套用“五福”，而要提倡“伍福”呢？关于这一点，我们在本章第三节已经表述过。

简而言之，宋自福的“伍福文化”是在箕子“五福”的基础上，重新进行了体系化的一种创新建构。他将作为上位者宏观蓝图的“五福”，落在了每个具体的人身上，作为个体的一种文化修养和精神追求。

有人也许会说，为什么不是“四福”，或者是“六福”？在先生看来，只要逻辑自洽也未尝不可，只不过“五福”更符合中国人的传统哲学。数字“五”，合于《周易》中的数，也合于五行。《易经·乾卦》第五爻的爻辞“飞龙在天”，指的是事物的最高峰状态，到了第六爻就要转到“亢龙有悔”，指的是巅峰过去开始衰败。因此，“五”也是中正位，在古人看来，这个数字代表了圆满。

《尚书·洪范》中对“五福”的注解是：“一曰寿，二曰富，三曰康宁，四曰攸好德，五曰考终命。”在古代汉语中“飨”的本意是乡人饮酒，泛指招待客人。此外，“飨”还有祭祀、享用之意。所以“飨用五福”，就是享用五福。君王用五福来犒赏他人，或者是在祭祀时，向上天祈求五福来回馈臣民。

与五福相对的是六极，六极在《洪范》中指六种状态：“一曰凶、短、折，二曰疾，三曰忧，四曰贫，五曰恶，六曰弱。”这六种状态被认为是人生的悲惨不幸，跟五福相对。

先生发现了箕子“五福”包含着值得深挖的文化宝藏，而生活在当今的我们，却将它束之高阁，任其蒙上厚厚的尘埃。中国人进庙烧香，求神拜佛，所追求的东西都包含在“五福”之中。他之所以要重新解释“五福”，提出符合中国人价值追求的“伍福”，是他领悟到这是对中国传统幸福观的精确概括，是中国人生命哲学的最高成就。因为在先生的“伍福”建构中，他告诫我们在追求物质生活富足的同时，也要注重我们内在精神生活的富足。而且，他还将太极智慧融入“伍福文化”中，提醒我们灵活运用阴阳五行思维，使之相辅相成，互相生化。由此我们方能领会，伍福是我们人生外在与内在的一种平衡状态，是人生各个方面均衡发展的状态，是圆满的人生观和最高的幸福观。

我们常说五福临门，每到春节，就会看到美好的“福”字和“五福临门”的楹联。老祖宗的五福通过今人的发展，具备了丰富的内涵：

长寿——承载生命的方舟

富贵——开启财富的法宝

康宁——触动心灵的妙语

好德——点亮灵魂的明灯

善终——指引人生的旗帜

然而先生并不满足于以上文化层面的延展，医生出身的他站在医者的角度，在“五福”对应传统的五行、五脏、五志、五德之外，为长寿、富贵、康宁、好德、善终提出了“五大营养观”。它们分别是：成分营养、性味营养、经络营养、时空营养和模能营养。（见下表）

伍福	五大营养	五行	五脏	五志	五德
长寿	成分营养	木	肝	怒	仁
富贵	性味营养	金	肺	忧	义
康宁	经络营养	水	肾	恐	智
好德	时空营养	土	脾	思	礼
善终	模能营养	火	心	喜	信

先生曾在平顶山矿务局总医院当了十几年的传染科大夫，对于福祸凶吉、生老病死看得太多了。他时常想，为什么有的人不珍惜自己的生命和健康，为什么人们在面临死亡时才感到恐惧和哀叹……关于人生的欲望和痛苦、幸福与苦难、富贵与贫穷，种种问题萦绕在他的脑海之中，促使他不断地思索我们该怎样安身立命，当如何自强不息。

先生曾尝试从中西方各种哲思论著和前沿理论中寻找生命的意义，最后他发现答案就在老祖宗的传统智慧当中。故此，他在箕子五福的基础上提出了全新的“伍福文化”——融太极智慧，修伍福人生。

他希望通过不断讲解和传播伍福文化，帮助人们从内心构建伍福正能量心智模式，从而实现身体、心理和精神三个层面的健康追求，走上伍福人生的道路。

先生认为，个人、家庭、社会乃至全人类的一切问题和矛盾的根源是内心价值尺度的错位。人生不过百年，大部分人一生屈从于欲望，或苟活于生存的底线之上，抑或建功立业、富甲一方，如果没有参透人生的终极追求，不能逾越长寿、富贵、康宁、好德、善终五个维度，那终究浑浑噩噩，糊涂一世。

当越来越多的人按照“伍福”的价值来理解生命的价值，人类在意识、种族、信仰等方面的冲突或可不断减少，从而在思考构建人类命运共同体的理想上寻求共识。

因此，在先生看来，伍福临门不只关乎个体、家庭的追求，对企业管理、组织建设、社会治理等方面的矛盾和分歧，也具有指导意义。

宋自福先生构建的伍福文化价值体系最初表述如下：

长寿 对应疾病健康与非病健康，包含了饮食、作息的智慧。

富贵 对应有钱和值钱的概念，包含的是创业、理财、经营和品格建设的智慧。

康宁 对应内心强大和积极乐观，包含了身体健康，身心安宁、情绪管控的智慧。

好德 好德对应阴德和阳德，是指引人们行善积福、博爱仁慈的智慧。

善终　对应教育（培养后代）和养老（孝敬老人），传承优良家风，培养健全人格，注重亲子教育、隔代教育、孝道教育，对待养老注重的是身心灵养生、强健身体意识的唤醒，这是一种经营未来的善终式智慧。

伍福文化价值体系在传承“五福”的基础上，富有鲜明的时代精神，融合了儒释道思想（格物、福慧、太极）、民俗文化（福文化、龙文化、根文化）、中医文化和以人为本的理念，同时也借鉴了管理学、社会学、心理学的相关理论和研究方法，建立了一套直指根本，开发潜能，助人身心和谐、身企同治的智慧学。

当然，随着先生在“伍福”的智慧土壤上的不断深耕，他的思想越来越精进、圆融和通透，伍福文化价值体系也在不断地调整和完善。

2012 年 11 月，著名教育家、全国人大常委会原副委员长许嘉璐先生在盘古大观与先生会面时，紧紧握着先生的双手激动地说：“你是如何想到伍福的？”

这个问题，让先生既欣喜，又忧虑。欣喜的是，许嘉璐先生认可他的伍福文化，这让先生心潮澎湃，有如遇知音的喜悦。忧虑的是，有多少人能听懂他的“伍福”呢？又有多少人愿意跟随他不断思考与探索，做伍福人生的奋斗者呢？

千百遍叩问，先生的初心不变。不管别人有多么不理解，他也希望在有生之年，把伍福文化传承下去，让人们可以在内心找到属于自己的幸福答案。

只可惜，天不遂人愿，先生因年轻时的旧疾复发，撒手人寰。我陪伴他走过了生命的最后一程。在永别之际，他是康宁平和的，并未因为厄运而恐惧。然而，从伍福的“长寿”角度来看，他失言了，没有做到尽享天年，但是富贵、康宁、好德、善终四个方面，他做到了。正如庄子那般豁达，顺应天命，无为诚乐。

在先生的启迪下，我发现“伍福”的框架也对应了人生的“五度”，即长度、高度（厚度）、温度、态度、密度。万物有度，当持度守正。中国人讲中庸之道、急流勇退，只有理解和适应社会规则，才能利用和改变规则。这是老祖宗的处世哲学，我们只有深谙其中门道，方能像孔子那般“随心所欲而不逾矩”。

当我们真正领略了伍福文化的奥秘时，我们才能从利益导向的当代社会环境中抽身，去追寻文化引领的价值导向。中国人对“伍福”的期盼，早已扎根在我们每个人的心中。在当今“百年未有之大变局”的时代拐点，由宋自福作词、张远福作曲、蒋大为演唱的一首气势磅礴的《伍福梦之歌》（见本书附录）可谓声如洪钟，将我们每个人心中沉睡的智慧唤醒，引导我们前往那个富饶的伍福精神家园。

先生说，“伍福”是我们人生价值高地最天然的“优势生态”。“斯人已逝，风范长存。”先生对伍福文化的建构虽然没有完成系统化的使命，还存在着诸多缺陷，但他指引的智慧曙光，却可以给在当今浮躁功利的社会中寻求人生圆满幸福的国人以启迪，启迪他们重新思考生活的意义与生命的价值。

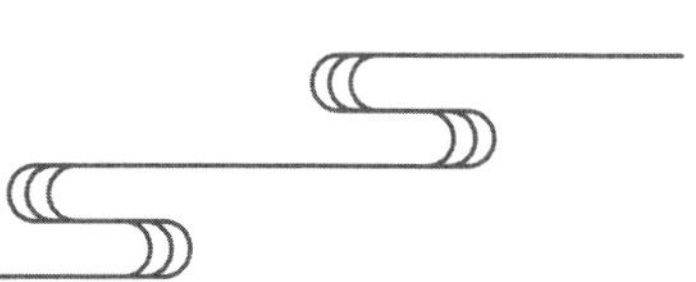

第二章

人心奥秘，伍福临门

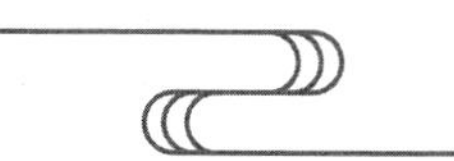

千百年来，中国文化孕育着深邃的智慧，承载着先哲们的心血和思考。在这无尽的智慧海洋中，先生站在中国历代思想巨匠的肩膀上，运用太极阴阳思维，并结合现代人文科学，重新构建了伍福文化体系，为我们打开了一扇古老而深邃的大门。在这个“伍福”的价值框架当中，长寿、富贵、康宁、好德、善终承载着人生圆满的目标，指引着我们探寻内心深处的智慧，迸发生命的无限精彩。

长寿，不再仅是颐养天年，而是疾病健康与非病健康的平衡。古人认为，孤阴不长，独阳不生。先生认为，长寿之福意味着生命的和谐与平衡，是身体与心灵的完美融合。用长寿观来思考企业的经营管理，要想基业长青，也要追求企业内部管理与外部市场环境的平衡。

富贵，超越了对物质的追逐，被先生分解为有钱和值钱两重含义。这不仅是财富的积累，更是心灵的富足。在《论语》中，子曰:“富与贵，是人之所欲也，不以其道得之，不处也。”俗话说，君子爱财，取之有道。富贵之福，彰显的是人内在价值的高贵。

康宁，除了指身体的健康，还包含内心强大和积极乐观的内涵。在庄子的《逍遥游》中，我们领悟到康宁之美，是一种心灵的祥和与自由、引导我们在逆境中保持从容的智慧。

好德，不再仅是阳德的积累，更包含了阴德的福佑。可以这么认为，阳德是做了好事的现世报，而积阴德需要我们把眼光放长远，我们积攒的福德会被传承并影响后人。在这里，我们会发现孟子的仁爱之道和老子的无为而治，领悟到好德的深远意义。

善终，不仅是对生命结束的思考，更包含了孝道与教育。善终告诉我们要尽孝道，同时以终为始，将善终教育贯穿于生命的始终。从孟子和庄子那里，我们找到了善终之道，它是对生命尊严的追求，也是通向优秀家教的坦途。

先生常说，中国人心中最大的奥秘，就是伍福临门。长寿、富贵、康宁、好德、善终的人生观与价值观，引领我们思索人生的真谛。愿我们在这古老的文化传承中，发现自己的心灵栖息地，感悟伍福文化的魅力，体验宁静而丰盈的精神成长，让未来更加清晰美好。

一、长寿：疾病健康与非病健康

> 按照东方哲学的基本思考，所有事物都是由阴阳构成的，孤阴不长，独阳不生。疾病健康模式和非病健康模式，共同构成了人类健康的完整体系，这也是东方太极智慧的奥妙之处。
>
> ——宋自福 2012 年 5 月 12 日

先生在“五福”的基础上，发掘了“五福”的现代意义，并运用太极阴阳的思维对长寿、富贵、康宁、好德、善终等进行拆解，从而形成了伍福文化体系。而对长寿的解释，先生通过对传统疾病、健康的观点进行反思，在践行中医“治未病”的理念过程中创新提出“非病健康”和“大营养观”的概念。也许先生的观点在很多人看来，缺乏科学验证，但这不是医生出身的他不会运用现代西方科学的研究方法，而是他将目光瞄准了人性与社会的命题，他希望从文化心理层面解决当代人的精神困扰。

人生到底有什么意义？从哲学的角度，我们思考的是如何理解人生的可能性，并赋予其解释权。到底什么是生命呢？生物学、人类学、社会学等可能有各种各样的解释，我们不能说哪一种观点是错的，因为它都是基于研究者的方法和经验得出的结论。关于生命，先生说“生命是一场可以控制的紊乱”。这也是他对伍福之长寿进行阐释的切入点。先生曾说我们不能控制生命的长度，但我们可以控制其高度和密度。尽管人人都想长命百岁，但从出生到成年，再到年老，这一路走来我们要遭受疾病的攻击，也要防范天灾人祸，很多时候我们并不能掌握生命的长度。即便人生当中，有这样那样的不确定因素，我们也不能因噎废食，而是要敢于追求伍福圆满的人生，拓宽自己的人生疆域，不要到垂垂老矣时，哀叹自己一生碌碌无为。

先生大学毕业后长期在医院工作，从基层医生到医院院长，在医疗行业与养生领域具有丰富的经验。根据多年的从医资历，他从一个专业医生的角度，立足于医疗健康新视野，对人类孜孜以求的长寿之福从“疾病健康”和“非病健康”两个角度来辨析传统的健康管理方法的缺陷，并着力倡导用一种“大营养观”去改善身心的疗愈，让我们在追求长寿的人生时，生命更有质量。

我们先说疾病健康，这个比较好理解。它就是一种治病思维，有病治病，不讳疾忌医。疾病，就是我们生命中的紊乱因素。我们不要害怕生病，当病症出现时，我们身体强大的控制系统，会将身体的紊乱调节在可控的范围。现代医学研究发现，感冒主要是一种自限性疾病，通常七至十天可以自愈。也就是说，单靠我们的免疫系统，就能消除大部分有害病菌。很多时候感冒用药和输液，主要是为了缓解症状，让身体不要那么难受。

我们知道癌症是万病之王，它可以在很短的时间内夺取人的生命。地球上所有的多细胞动物都有概率会得癌症，只是不同物种的概率不同。它发病的原因就是细胞突变得不受控制，细胞在分裂时出现了“程序错误”，免疫系统没有立即察觉。不是所有的癌细胞都会杀死宿主，也不是所有的癌细胞都会被免疫系统清除。也许有人会说，既然癌症这么可怕，为什么在亿万年的进化中，诱发癌症的基因没有被筛选掉呢?

因为我们身体的免疫系统要保持一种平衡，它除了监控癌细胞是否异常繁殖，还要随时照顾我们的身体并监测是否受到外在的侵害。人类在与恶劣自然环境和猛兽做斗争时，身体会因受伤而感染，这时就需要相关细胞大量复制来修复伤口。如果免疫系统只盯着癌细胞，就会造成伤口愈合速度大大下降，从而增加了外在病菌感染的风险。包括人类在内，所有动物的免疫系统的自查机制不能太活跃，不然会导致敌我不分。生命是脆弱的，当我们身体所受外在伤害比较大时，相比于癌症，前者显然更紧急，需要优先保全。

所以，我们的身体抑制癌症的基因不能无限加强。这也是我们中医强调的，阴阳平衡才是维持生命健康的关键。

现代西方医学缺少这种全局和平衡的思维，它是在解剖学上发展起来的，将身体看成一个个零部件，哪里出了问题，就治哪里。这不是说现代西方医学不科学，如果没有抗生素的发明，今天人类的平均寿命就不会有这么长。然而，是药三分毒，以抗生素为例，它在杀死大量病菌时，也会筛选出那些耐药病菌。随着病菌的耐药性增强，其他副作用也慢慢显现出来。今天的人们对药物的依赖性是不可想象的，一旦断药，身体的各种症状就会相继冒头。这是通过医药干预达到的一种平衡，不是身体自然的平衡。

西医的学科越分越细，研究范围越来越窄。全科医生杂而不精，专科医生精而不全，所谓有病治病让现代西医走向一种困境。

中医有这样的观点，“上医治未病，中医治欲病，下医治已病”。中医的先贤们很早就注意到，与其等到我们的身体生病再进行治疗，不如防患于未然。

先生说，为什么我们总是要等到躺在病床上，才会意识到健康的可贵呢？如果我们能树立“非病健康”的意识，加强个人的健康管理，将一切不健康的生活习惯改掉，那我们就不必遭受疾病之苦。

多年的从医生涯，让先生见到了太多的生死离别。他说，如今的医疗技术越来越发达，医药研发的体系与医生队伍越来越庞大，而病人却越来越多。人们在医疗上的花费，占据他们一生相当大的一笔财富。拿生命去赚钱，却没有享福的命。这不仅是医生的悲哀，也是现代医学的失败，值得我们认真反思。

美国心脏协会曾有一个生动的比喻：如今的医生都聚集在一条泛滥成灾的河流下游，拿着大量经费研究打捞落水者的先进工具，同时苦练打捞落水者的本领。结果却事与愿违，一大半落水者都死了，被打捞上来的也是奄奄一息。更糟糕的是，落水者越捞越多。就像过度检查、过度用药、过度治疗、过度手术带来的往往是患者群体的暴增。事实上，与其在下游打捞落水者，不如到上游筑牢堤坝，让河水不再泛滥，人们不再落水。

正是出于这样一种悲天悯人的仁心，先生后来弃医从文，他开始研究国内外各种前沿社科理论，他终其一生都在试图唤醒人们的生命意识。他经常拿禅宗的“当头棒喝”来作比喻，说我们需要一场彻底的脑内革命，痛改前非。

当然，对医生而言，防患于未然亦不能采取“过度恐吓”的方式进行，而应建立一种全新的融入太极智慧的自洽模式。

这就是先生“非病健康”理念提出的缘由和背景。这一全新的、具有颠覆性的健康模式必将对人类健康发展作出巨大贡献。

为了更好地实践“非病健康”理念，先生还给出了“大营养观”，用于指导我们进行健康管理。先生说：“凡是能够增强系统控制力并促进系统高度协同的因素，都称为大营养或系统营养。”所谓系统控制力是指身体内各个系统的协同工作，并且能够对外界环境变化，作出适应性反应的能力。系统高度协同指的是身体内各个系统之间的良好协调和协同，比如说生理系统之间的协同工作是为了维持身体内部的平衡和稳定。

大营养观（系统营养）强调的是通过对多个方面的调节，提高整体生理系统的协同性和控制力。通过成分营养、性味营养、经络营养、时空营养、模能营养等方面的综合调理，能够促进人体不同系统之间的协同作用，提高对外界环境的适应性。先生的这种整体性的健康管理理念认为，一个身体强壮而内在和谐的体魄能够更好地应对生活中的各种挑战，从而实现全面的健康。

总体而言，将能够增强系统控制力和促进系统高度协同的因素称为大营养或系统营养，是强调健康管理的综合性、整体性和系统性。通过综合调理多个方面的营养和生活习惯，可以达到全面提升身体健康的目的。

大营养观包含五个部分，即成分营养、性味营养、经络营养、时空营养、模能营养。

成分营养可以理解为生命的养料。它是维持我们生命运动的基本元素，包括各种微量元素、碳水化合物等。通过合理膳食来平衡营养，达到人体的生理需要和膳食营养供给之间的平衡关系。成分营养是我们生命运动的基础，充足的营养摄入可以调节我们的先天不足，培养出强壮的肌体。

性味营养也许不太好理解。举个例子，广东人说“不时不食”，讲究的是要按照时令来吃，每种食材都有它的季节属性。中医讲求“温、凉、寒、热”“升、降、沉、浮”。我们日常的食物都有其寒热属性，不同的时节都有应季的果蔬，按照其时令与属性，选择相应的食物进补或清热，可以起到食疗的作用，通过食物属性与人体性状的配伍，可以让我们在日常生活中获取均衡的营养，通过后天调节，平衡身体状况，防止出现营养失衡的情况。

经络营养源于中医理论。中医认为人体中，有十二正经与奇经八脉，经脉运行气血，为人体提供生机，经脉畅通，自然生机蓬勃。通过习练九太极拳法，拓展经脉的宽度；通过针具在经络穴位上施针，化解经脉淤堵。先生说，在专业中医的指导下，可以扎针自省，点醒内心。而九太极拳法蕴含太极智慧，帮我们打通内心郁结，可以激发蕴藏在体内的正能量。

时空营养就是在大自然中抒发情志，借助良好的社交关系减少孤独感。不同的时间、地点、事件都能给人不同的感悟。当我们陷入困顿时，通过学习历史总结经验，通过外出采风获取灵感，这些都是在吸取时空营养，与更多有能量的人建立联结，形成量子纠缠，聚合更多能量，为自己所用。

模能营养是生活方式与思维模式对身体的治愈。良好的生活方式与积极的心态构成了良好的生活状态，它会给我们带来良好的行为习惯，良好的行为习惯可以强化我们自身的生物钟。强大的生物钟不仅可以帮助我们的肌体获得健康，更能触动内心，让我们时刻警醒自己，只有身体和精神时刻处于可控的阴阳平衡状态中，才能成为真正的强者。

生命是一场可以控制的紊乱，健康是一种控制力。先生强调，懂得节制的人，才能真正掌控自己的人生。

当别人不理解“非病健康”与“大营养观”时，先生会伸出左手说，我们的五根手指代表长寿、富贵、康宁、好德、善终，它们是我们人生中最重要的财富。人们经常摊开双手向外去寻找，殊不知在我们握紧拳头时，命运掌握在自己手里呀。

先生是充满智慧的。佛家有句话是“菩萨畏因，凡夫畏果”。在我看来，先生提出的“非病健康”和“大营养观”作为他对伍福文化之长寿的重新诠释，他想表达的是，真正充满智慧的人会将一切恶因扼杀于摇篮之中，而普通人却只会为恶果到来感到恐惧，他们对待健康的态度也是如此。

二、富贵：有钱与值钱

人们都存在一个错误，那就是对金钱的认识，其实金钱并不是人生最终的幸福，良好的心态、德行才是人生最宝贵的财富。

——宋自福 2015 年 3 月 20 日

在“伍福”中，我想每个人都想知道如何才能取得“富贵”，甚至大多数人都将“富贵”等同于“幸福”。千百年来，“富贵”作为一个频繁被提起的词，一直萦绕在人们的脑海中，并且在各类祝福的场景中，它也是一位“座上宾”。

荣华富贵、花开富贵、大富大贵、富贵显荣……人们常说，“富贵险中求”“富贵无根，贫穷无苗”“苟富贵，莫相忘”“人有千只眼，富贵万万年”，等等，那么，“富贵”到底隐藏了什么秘密，让人们锲而不舍地去追逐呢?

“富”字的甲骨文，上面部分代表“家”，下面部分代表“酒”。酒是粮食精，在古人的眼中，那就是财富的象征，所以“富”可以理解为“财进家富”。而“贵”字的甲骨文，上面是双手，下面是“土”，它的意思很明显，就是“共刨沃土”。

中国汉字文化博大精深，其实从汉字的结构来看，我们就能够领会“富贵”的内涵。先生说，财进家富就是“有钱”，“共刨沃土”就是“值钱”。先生认为，人们有对物质生活进行改善的愿望，就需要去创造财富，让自己变得“有钱”，而“值钱”则需要有效地利用财富，为社会创造更多的价值。

所谓富贵，就是钱财富足且品行尊贵。依据先生的观点来看，“富”是手段，“贵”才是目的。他生前反复强调的是，我们对“富贵”的追求，不应该只是财富数字的累积，还包括对社会和他人的贡献，以及对自身发展和成长的投资。在这个意义上，富贵不仅是追求财富的过程，更是一个全面发展的目标。

在《增广贤文》中有这样一句话：“富人思来年，穷人想眼前。”其实，我们在追求“富贵”时，不妨想想为什么会贫穷？有人说，投胎投错了，出生就“贫穷”，没得选。如果你还是这种偏执的思维，看到《福问：成就伍福人生的智慧书》这本书，那就是你的“幸运”，你命运的齿轮将开始转动。

为什么这么说？因为在理解先生的伍福文化理念时，我们要意识到这并不是简单的一套规则或方法，而是一种深刻的生活哲学。先生经常教导我们，要对人生进行长远思考。穷和富就像先生经常说的太极智慧的阴阳两面，它存在一种共生和转换的关系。贫穷只是一种暂时性的经济状态，比物质贫乏更可怕的是精神世界的贫瘠。在先生看来，伍福文化完全可以作为价值观，指引、提醒人们不要局限于眼前的苟且，而要追求更高层次的“富贵”，即志存高远、品行尊贵、精神高贵，这样的人才“值钱”。

不可否认，每个人都想过富足的生活，创富也是我们人生中的首要目标，我们需要获得生存资本，才会去考虑发展问题，所谓经济基础决定上层建筑。但富足并非一定要拥有多少数量的财富。如果你玩过《大富翁》的游戏，你会发现其实在你选择穷人的角色时，在游戏过程中更容易实现财务自由，因为穷人生活开支少，只要他们拥有了适量的资产就可以产生覆盖开支的收入，生活就会更自由。

很多人简单地认为，收入越高就越富足，这其实是一个误区。实际上富人对外界的依赖更多，也就是说他们要不断支出更多的金钱去获得各种便利和特权。一旦现金流中断，他们就会陷入困境。当他们失去掌控金钱的权力，在生存压力面前也会垂头丧气。香港以前有档真人秀节目叫作《穷富大作战》，有个叫田北辰的贵公子，认为穷人懒惰，声称自己哪怕一无所有，也可以凭借自己的努力，重新拥有亿万身家。然而，他被现实“打脸”了。他拿着节目组准备的50元港币去白手起家，结果刚体验了两天就坚持不下去了。他在节目中一脸沮丧地说：“我这辈子从未试过，看着便利店的东西却买不起。”

在我们的身边，为什么很多人老是抱怨自己很穷，而羡慕别人富有呢？其实，问题的关键，不是你变穷了，而是你的欲望变大了。欲望增大，也就意味着生活成本、消费支出也会大大增加，却疏忽了能力与思维的提升。我相信很多人都看过《穷爸爸与富爸爸》这本书，穷爸爸代表了传统的教育观念，认为通过获得优秀的学历和安全的工作可以实现财务成功，而富爸爸强调的是要基于市场和实际经验，在有效的财务教育中，学会如何处理金钱，这比拿下一个高学历更为重要。

其实，穷爸爸和富爸爸都没有错，代表两种不同的思维模型。穷爸爸看重的是稳定和安全，他教导孩子通过学习挣更多的钱；而富爸爸认为高风险也意味着高收益，他认为孩子要学习如何让钱为自己工作。尽管富爸爸好像更有钱，而穷爸爸似乎更稳定，但他们有一个共识，那就是不断学习，不断提升自我。而现实生活中，一些穷人往往只看到了消费和享乐的光鲜外衣，却忍受不了奋斗的枯燥与寂寞。他们不知道富人思考未来，注重长远规划和投资，而这些穷人更注重眼前的生计和生活。先生重新建构富贵的内涵，就是要打破人们对于穷富的浅薄认知。人们可以依照伍福文化的框架，去学习如何更好地规划自己的人生，而不是浑浑噩噩、患得患失，并且先生对我们的忠告是，不要在“有钱”的层面沾沾自喜，而要有更高的追求，让自己变得“值钱”。

目光短浅的人，只会误入歧途，永远也看不到“值钱”的康庄大道。如果眼里只有生计，也容易丧失发展的信念和发掘自身潜力的能力，从而一辈子徒劳无果。有句话道出了“贫穷”与“富贵”的真相：有的人宁愿吃生活一辈子的苦，也不愿意吃奋斗一阵子的苦！先生也曾说“奋斗不苦，一辈子平庸、无聊的人生那才是真的苦”。回想没有手机、缺少娱乐的年代，很多人无聊透顶，感叹时间漫长。而当今人手一部手机，在“奶头乐”的消遣中，很多人即便收入微薄、不结婚、不买房，似乎也不觉得生活苦了。这样的人，生活没有安全保障，抵御风险的能力极差。一旦发生什么变故，也只能听天由命了。

古话说得好，欲求生富贵，须下死功夫。正是因为学习的苦、奋斗的苦，是反人性的，才衬托出不甘于平庸的人的可贵之处。

当然，中国人也常说，“富不过三代”。先生说，这句话可以从正反两个方面来看，一是有钱的人如果不值钱，三代也就坐吃山空了；二是值钱的人通过三代努力也会变得有钱。在家族传承的命题上，表面来看是物质财富的继承，实质上是精神财富的传承。

晚清重臣曾国藩就是一个很好的例子，他的爷爷懂得为长远谋划，带着儿女勤劳致富成为富农。到曾国藩的父亲辈，兄弟姊妹也没有分家，而是勤俭节约、购置田地，成为小地主。这样家里就有了财力支持曾国藩这代人读书，而曾国藩也不负家族期待，考取功名，出入朝堂，从而彻底扭转了家族命运，其家族及其精神财富传承至今。

如先生所说，“伍福”与“五福”的本质区别，是前者强调的是“人事”，后者看重的是“目的”。其实，很好理解，以一个家族企业举例，接班人是最难选择的。创业者的精神财富是“道”，离不开人的遵循与坚守，而数字财富是在“术”上的判断和选择。“以道为体，以术为用”才是传统智慧的精深之处，也是家族传承成功的关键。

对于我们而言，每个人的生命只有一次，“长寿”固然可以为创造财富争取更多可能性，但生命长短有时候难以预料，而对于人生的平凡或辉煌，我们却有主动选择的机会。追求幸福，是每个人的权利，也是人生的意义所在，但我们需要明白物质追求是富，精神追求是贵。从有钱到值钱，不再执着于眼前利益，而是重视文化底蕴和精神品格的修炼，并且做好下一代精神传承的教育，才是真的“富贵人家”。

三、康宁：内心强大与积极乐观

> 伍福智慧是生命价值的基层唤醒，康宁是伍福的支柱，有了康宁才能有长寿、富贵、好德、善终，康宁的核心点就是内心的强大。
>
> ——宋自福 2015 年 6 月 18 日

为什么说康宁是伍福的支柱？

这很好理解，康宁的意思就是身体健康、内心安宁。一个人的身体不健康，为疾病所困扰，也就会缺乏足够的心力和动力，去实践生命的价值。不可否认，有的人身残志坚，依旧可以创造出不俗的事业，那是因为他有强大的心力作支撑，非常人所能及。对于普通人来说，健康至关重要，就相当于 1 和 0 的区别。身体是 1，必先有好的身体，后面代表财富、地位、名望的 0，才有意义。

伍福之康宁，是我们人生其他福祉的起点和支柱。健康为本，身体是人生的本钱，我们不仅要保持身体的健康，还要有健康的心态，所以“康宁”包含了身体健康和心灵安康两个方面。身心健康，人们才能更好地享受富贵、追求好德、实现善终等。因此，康宁被视为伍福的支柱，因为它是其他福祉的基础。

康宁不仅是个人的追求，对家庭也同样重要。一个人拥有健康的身体和康宁的内心状态，更有可能在事业和生活上取得成功，对家庭和社会的贡献也更大。因此，康宁被看作促进个人、家庭和社会全面幸福的核心要素。

康宁处于“伍福”的中间位，它上承富贵，下启好德，符合中庸哲学的价值观。人们在追求财富的过程中，内心一定会发生重大的变化。要么是四处碰壁、头破血流，心路荒凉，抑郁不得志；要么是事业有成、财源滚滚，难免春风得意、忘乎所以。无论是失败，还是成功，康宁之福给我们的启示是避免极端主义和过度冲动。

先生说，“康宁”就是教我们内心强大和积极乐观。俗话说，人生哪能多如意，万事只求半称心。人生是一场长跑，一时的失败不能代表终局。强者和弱者最大的区别就是心态不同，强者认为没有什么想法可以百分之百达成，而弱者认为必须百分之百取得成功才敢行动。所以，强者敢于尝试，他们明白失败就是为错误的认知买单。而弱者因为一两次失败就否定自己，从此畏首畏尾。巴菲特曾说："人生只要富一次就够了。"其实这句话可以换一个说法，失败多少次都没关系，我们的人生只要赢一次就够了。关键是在这个过程中，我们是否能保持一颗康宁之心。

我们为什么反复强调康宁？先生说：你想一想，长寿，生死由命；富贵，富贵在天。你拼命地想长寿就能长寿吗？反而不能，因为你紧张得已经不能正常生活了。心态出现了问题，一切都会出现问题，喝口凉水都怕塞牙，一切就变了。抑郁症、强迫症、焦虑症、恐惧症最后带来不好的结果。富贵也是，急功近利，急火攻心，老想挣钱、挣钱、挣钱，就能挣钱了吗？当你表现出挣钱的动机和欲望的时候，别人都会防着你，为啥？目的性太强了。到了一个单位或者任何一个场所，君子求财，取之有道，这个道是一种平衡的心态。当我们不择手段的时候，别人都会防着你，当你这么表达出来的时候，其实已经出局了。好德是别人给你真正的评价；善终就更不好把握了；你能够把握的就是康宁，它体现了我们对生活最亲近的、最落地的、最实惠的人生价值引导。

康宁是一种强大的内心建设的力量。比如说，改革开放之初，很多人根据狭隘的经验和认知认为，中国即将被资本主义污染，中国人即将被拉入一场灾难之中。邓小平说"摸着石头过河""不管你是黑猫，还是白猫，抓住老鼠就是好猫"……尽管那时中国的前途未卜，但邓小平强大的内心和积极乐观的心态，坚定了中国发展经济的决心。真可谓大道至简，这些看似平淡无奇的话语，蕴藏着博大的智慧与远见。40 多年来，我们敞开大门把客人请进来，模仿他们，学习他们，逐渐成长为世界第二大经济体。

悲观者永远正确，乐观者永远前行。一个康宁的人，他知道实践出真知。曾国藩曾说："天下事，在局外呐喊议论，总是无益，必须躬身入局，挺膺负责，方有成事之可冀。"对于没有做过的事情，我们不要害怕，就像"摸着石头过河"，"摸"就是探索和学习，通过"摸"我们才能提升技能、积累经验、完善知识结构。"没有智慧靠经验，既没有智慧，也没有经验，那只能靠边站。"在先生看来，那些依靠投机、运气获得的财富、地位，如果没有经验的积累和智慧的修炼，是不能持久的。

康宁者明白，英雄常常与寂寞相伴。先生说，耐得住寂寞是修行康宁之福的必备素养。寂寞是一种人生常伴的情感。它有两种表现形态，一是大脑空空，百般无聊，所以这类人止不住地要做一些事情，来填补内心的空白；二是别人对你做的事业不理解，人们无法与你共情，奋斗的人生缺少伙伴与知音。

其实，我们看到的那些成功者，都有一个共同的处境，那就是高处不胜寒。无论是处于事业高地，还是处于精神高地，内心康宁的人不会将寂寞看成一种负面情绪，而是会将它视为一种内心的修炼。在成功人士的人生旅程中，寂寞往往是他们成就非凡道路上的一部分，因为在寂寞中，人们更容易找到自己的内心，思考人生的意义，激发潜能，培养毅力，从而达到更高的境界。

寂寞也是培养创造力和思维深度的一种方式。成功人士往往能够通过深度思考，发现问题的本质，找到创新的解决方案。寂寞并非一种消极的状态，而是一个启迪思维的时机。通过在寂寞中思考，成功人士能够超越表面的现象，深入挖掘问题的本质，从而更具创造性地解决问题。

寂寞也是对人际关系的一种考验和洗礼。成功人士往往在事业上取得辉煌成就，但在这个过程中，他们可能会付出更多的时间和精力，导致人际关系疏远。当我们学会康宁，就会明白对抗寂寞并非要与外界彻底隔绝，而是要在独处的时候更好地思考和调整自己，同时在面对人际关系时保持真诚和关怀，有利于积累足够的能量应对人生的各种挑战。

康宁也对应了“大营养观”之中的经络营养。中医认为，“百病源于经络堵”。畅通的经络有助于气血的流通，维持身体各个器官的正常功能，同时也有助于调整心情，形成良性的循环。当人们处于负面情绪中，经络容易堵塞，导致气血不畅，可能引发身体的不适和疾病。康宁之福，要求我们通过化解负面情绪，畅通经络，预防和缓解心悸、偏瘫等问题。

康宁追求的是身体和心灵的全面健康，而经络营养强调的是通过畅通经络实现全身的营养和健康。康宁的修炼在经络营养观的加持下，超越了单一的疾病治疗，它要求人们注重维持整体健康，使人们在生活中能够获得更为全面的幸福感和健康感。通过心向康宁、畅通经络、化解心堵，人们可以更好地维护身体的健康，实现全面的康宁之福。这种整体性的理念有助于人们建立健康的生活方式，预防疾病，提升生命质量。

四、好德：阳德与阴德

> 伍福公益，本着“人尽其才，财尽其能，物尽其用”的原则，从康宁入手，好德践行。找个理由让好人聚到一起，做对自己对社会有益的事情；用行动证明自己是好人，帮助需要帮助的人。
>
> ——宋自福 2017 年 7 月 20 日

传统观点认为五福之好德是指心性仁慈且多行善举。然而，先生认为这只是对“好德”的浅显理解，没有什么能量，人们也只是挂在口头上，不能振聋发聩、直指人心。先生说，好德是对人生智慧的深层唤醒。前面我们说过，“一命二运三风水四积阴德五读书……”这句话的真正内核我们要倒过来看。如果读书使人开智，那么接下来积德行善才是我们通过读书悟出来的行动指南，也是我们真正可以掌控的事情。

在先生构建的伍福文化中，好德被细分为阳德和阴德。阳德指的是公开的、显性的善行，如慈善、助人为乐等行为；而阴德则是不为人知、不张扬的善行，包括内心的修炼、善念等。这两者相辅相成，共同构成了好德之福的完整内涵。

《大学》有句话，“德者，本也；财者，末也”。意思是说，德行是根本，财富是枝末。孔颖达疏：“德能致财，财由德有，故德为本，财为末也。”有能量的人是通过散财聚人心，没有能量的人则是聚财散人心。两种行为，高下立判。正如古人所言：行善积德，福报无量。中国传统智慧认为，通过修身养性，行善积德，人们在生活中能够得到善果的回馈。

先生常说，经营企业就是经营人心。真正有能量的人，总能以亲切和蔼的态度给人以好感。在我的印象中，无论是在生活中还是在工作中，我几乎没有见过先生动怒的样子。即便对方气势汹汹，他也总是和颜悦色、春风细雨般将问题与矛盾化解。先生在世的时候，每天找他的人很多，他与每个人都能聊得来，他们的谈话总是兴趣盎然、轻松惬意。这是一种向下兼容的能力，他总能以一种高维的视角和思维给人重大的启发。

先生认为，好人一定是在好德的环境中成长起来的。他说，人是有自我反应的，人心是相互的，你对我好，我也会对你好，这是一个基本规律。所以尊重人性、尊重个体，这是最基本的。只要我们在心田不断播下积德的种子，那我们终将收获硕果累累的福报。

不过，先生也指出“江山易改，本性难移”的问题，他知道人的性格很难改变，但他坚信环境可以塑造人，也就是组织性改变。通过对组织文化的塑造，可以让组织爆发出强大的战斗力，比如打造组织的愿景，树立统一的目标，加强纪律性约束，凝聚共识，培养荣辱观，等等。先生说，我们既要尊重个性，发挥人的主观能动性，也要塑造组织性，这是团队管理的平衡点，也是太极智慧。

在对待名利的看法上，先生经常说“德似碗，而名利似水”。先生用这一形象生动的比喻，表达了对德行重要性的深刻认知。德行如同碗的大小，名利如碗中水的深浅。先确定了碗有多大，再谈水深才有意义。德行直接影响了生命的圆满程度。他说，如果我们只盯着名利，而忽视了德的修行，那么再大的名声、再多的金钱，到最后也是竹篮打水一场空。

德是福的善因，福是德的善果。好德之福如同一张福报卡，福报卡中的积蓄是德行的累积，是对于生命中所有善举、善念的回馈。先生常说，“缺什么都不能缺德”。这一观念引导人们在日常生活中不仅要关注自身的物质需求，更要注重德行的培养，以实现真正的人生圆满。

公益是伍福文化之好德之福的底色。伍福文化的公益观践行的是“人尽其才，财尽其能，物尽其用”的原则。公益不是作秀，更不是空谈，而是尽可能将人、财、物用到真正需要帮助的地方。先生说，“公益势必成为人类的刚需”。个人的力量也许弱小得像一滴水，但是亿万滴水汇聚到公益的河流，也能滋润一方水土。

人类在大自然面前是何其渺小和脆弱，然而人类很早就学会了抱团取暖，共同抵御洪水猛兽。这种相互依赖、信任的合作关系，要求我们主动去帮助别人，自己才能获得更好的生存空间。从这个层面来说，利他即利己。

以前我也很难明白，为什么中国传统价值观倡导“吃亏是福”。先生引用了道家和儒家的观点说，上善若水、厚德载物，水不争先，却滔滔不绝；德不配位，必生灾殃。不争一时之长短，人才能成一世之所长。

在好德之福的理念中，奋斗是实现圆满人生的另一个重要元素。先生强调：“唯有积德，人生才圆满；唯有奋斗，我们才不缺（人生的意义）。”这既强调了德行对于幸福的作用，也表达了通过积极奋斗实现人生价值的重要性。好德与奋斗相辅相成，相互交织，构筑了人生的完美画卷。

先生对好德之福的解析与儒家心性学说相互交融，都强调通过内在的德行提升人的心性。在我看来，阳德是显而易见的公益行为，往往会有“投之以桃，报之以李”的现世报；而阴德则更强调内心的真善美，是一种暗能量布局的思维，正所谓“但行好事，莫问前程”。一个好德的人，会彰显出一种深入骨髓的人格力量。这种多维度的德行境界，使得好德之福在人生的舞台上呈现出丰富的层次与内涵。

五、善终：孝道与教育

有能量的企业家，在扩大财富的同时，逐步解放自己，改良自己，用时空的营养观念，看到事业发展的过去、现在和未来，在现在就做好对未来的部署，让善终的观念贯穿始终。

——宋自福 2015 年 4 月 24 日

在我们的人生中，有一道不可或缺的风景，那就是“伍福人生”的第五福——善终。这并非富贵荣华的终结，也非康宁舒适的最后，而是一种品德与灵魂的完美告别。

人们常说“五福临门”，长寿、富贵、康宁、好德，无一不是人们对美好生活的向往。然而，藏在五福之末的“善终”却是最为深刻、最为含蓄的一种祝愿。这并非偶然，而是对人生的一种深刻理解。

善终，是一幅人生画卷的精髓，是人一生经历风雨洗礼后的静谧。它不仅仅是指人们在生命的最后阶段，能够安详而平和地离开尘世，更是对人生的最高评价。从古至今，我们可以发现无数先哲对“善终”这一理念的崇尚。荀子说：“生，人之始也；死，人之终也；始终俱善，人道毕矣。”一个“善”字，划定了一道崇高的精神价值，一个人生命只有“始终俱善”，如孟子所说“尽其道而死”，才是正命。

“善终”之美，在于它不仅仅关乎生命的长短，更注重人在一生中所扮演的角色、对他人的关怀、对社会的贡献。正如一朵花在盛开的时候，芬芳四溢，最后在风雨中谢幕，也是一种美好的结束。

历史上那些被后人传颂的伟人，往往都以善终为结束，如孔子的庄严告别、李靖的急流勇退、王阳明的此心光明……留下的是一道深沉的思索和品德的光芒。而在平凡人生中，善终则可能是一份平和的心情、一份对亲情友情的真挚，又或者是对世间烦扰的淡然。

善终之美，蕴含在平凡人生的点滴之间。无论是在日升月落的岁月中，还是在风雨飘摇的世道里，我们都可以追寻这份美丽。当我们用一颗宽容的心、一份坦然的态度去面对人生的风霜雨雪，当我们不忘初心、善待他人、关爱家人，我们就已经在追逐“善终”的光辉。

“善始者勇，善终者雄。”先生说，善终是人生的至高目的。对待事业，必须明智谨慎，善始是展翅翱翔的勇气；对待人生，必须有宽广的胸怀，善终是超越寻常的雄心。明理通达，知行知止，进退有度，乃是善始善终的关键。在事业创立的征程上，勇者始终能突破重重困难；而在生命的尽头，雄者始终能以坦然之心面对一切。

基于对“伍福文化”的深度思考，先生指出“善终之福”包含孝道和教育两个方面。孝，是华夏文明的精髓，是传统家族观念中最为崇高的美德。先生深谙孝道之至理，他视孝行为人生之本。在他的眼中，孝道不仅仅是对父母的敬爱，更是一种家族文化的传承。在他那短暂而灿烂的一生中，他坚守着孝道，用行动诠释了对家族的忠诚。

然而，孝道的伟大并非止于此。先生深知教育是善终文化传承的桥梁，是照亮人生道路的明灯。他在伍福文化体系中巧妙融入了对教育的深刻思考。教育，不仅仅是为了获取知识，更是为了培养出德才兼备的人才。他认为，只有通过对后代的精心教育，才能在人生的终点，留下一片美好的传承。

孝道和教育，如同伍福文化中的一对明珠，互为补充、互相辉映。在孝道的熏陶下，人们更能明晰教育的真谛。先生坚信善终之福，蕴含在对家族的孝道传承以及对后代的悉心教育中。他身体力行，为后人树立了一个孝敬父母、培养后代的典范。

先生曾说，以“善终”为导向的养老模式，不会将老人留在养老院坐等死亡来临，而应是在老人面对人生尽头的庄重仪式时，我们还能从他们那里聆听人生经验，并享受一场人生智慧的洗礼。

每一位老人，都是一部壮美的小说。他们的人生经历如同一页页翻开的书页，承载着爱、辛酸、欢笑和泪水。即便是在英雄迟暮的岁月，老人仍怀抱着雄心壮志。这不是岁月的凋零，而是智慧的沉淀，是一种对生命真谛的深刻理解。

老人对孝道的传承是至关重要的。他们或许已不再年轻，但孝顺父母的美德却伴随他们走过一生。在陪伴老人的日子里，我们能够感受到他们对家庭的深沉情感、对后代的悉心关怀。这是一种无声的教育，通过行为和言传，老人传承着孝道的真谛。年迈的肩膀上，承载着家族的希望，而这种对孝道的坚守，也是老人在善终中所赋予后代最珍贵的遗产。

老人对教育的传承同样不可忽视。年轻时，他们或许是为了子女的成长而付出辛勤努力；到了晚年，他们或许是通过亲身经历，言传身教，传递着对于人生道理的深刻理解。老人身上的智慧和经验，是一座取之不尽，用之不竭的宝库，我们可以从中汲取人生的经验教训。

善终，并非老人生命的终结，而是一次转变，是在告别世界的同时，留下对后人的启示。我们不应低估老人的价值，因为他们的每一个眼神、每一次微笑都是对人生深邃智慧的一次分享。在陪伴老人的过程中，我们可以发现他们对人生的思考和对家庭的深情，这是一次对孝道和教育的活生生的传承。

善终，是一场人生的告别仪式，包含了孝道和教育的传承与启发。“上施下效为教，养子使作善为育。”在历史的长河中，我们尊老崇老，是因为家族中的老人，通常扮演着传道授业解惑者的角色。当老人尽享天年，善终而亡，就是对后代最深刻的教诲，他们的一生就是一部由智慧、坚韧和爱构成的人生力作。

抚今追古，先生将孝道和教育融入善终之福，如同流淌的清泉，滋润了伍福文化的根脉。在先生的智慧引领下，伍福文化为后人树立了一座道德的灯塔，为他们的人生之旅指明了方向。

终有一日，我们或许会在安详中闭目，而这便是最美的结束。在善终的时刻，我们或许会感悟生命的意义，如同一面明镜，映照出我们曾经走过的每一步。而这不仅是对自己的交代，更是对过往岁月的敬畏。在追逐伍福圆满的人生征途中，不妨让我们时刻牢记“善终”之美。让这份品德的光辉贯穿于一生，如同先生所言，“善终，是伍福之中最为深沉、最为高贵的一福”。

第三章

福之圆满，贵在修心

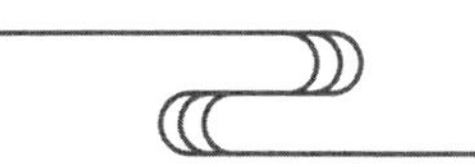

先生认为，伍福不仅是对中国生命哲学的精确概括，更是属于人类的共同福祉。伍福的实现离不开个体的智慧修养，需要通过修正、修理、修炼的过程，以达到行为的纠偏、内心的强化、品德的升华，从而实现更加圆满、幸福、有意义的人生。

首先，“修正”体现了个体对自身行为的反思和调整。《论语》中有“君子修己以敬”之言，强调通过不断自我反省、修正自己的行为，使之符合道德规范。这种修正不仅包括道德层面，还包括对自己内心欲望、执念的调整，使之更加合乎道义。

其次，人生中会遭遇各种困难和挫折，这些困境实际上是外在环境对个体的修理。一个人的通透是经历换来的，一个人的格局是委屈撑大的。我们不要害怕生活的磨砺和考验，人只有不断成长，才能醒悟。这种修理是个体走向成熟和增长智慧的必经之路。

最后，“修炼”强调的是通过明智的选择和不懈的努力，使个体的行为趋于圣明。儒家经典中提到“知足常乐”，强调通过修行，个体能够超越物质欲望，追求内心的宁静与平和。这种修行不仅在精神上带来了智慧，也在实践中培养了善于作出明智选择的能力。

长寿、富贵、康宁、好德、善终，并不是简单的物质享受，而是蕴含了丰富的精神营养。在儒家思想中，强调修身齐家治国平天下，这一过程涵盖了对自身行为的反思与修正、对外在环境的应对与修理，以及对精神世界的修行与修炼。通过全面的修养，个体才能在人生的征程中获得更为丰富、深刻的体验，达到真正的人生圆满。

伍福的智慧修养，是一种内外兼修的过程，既包括对个体内在智慧的提升和觉醒，也涉及对外在环境的理性认知与应对。这一智慧修养，超越了狭隘的功利观，强调了人生价值的多元性，是中国传统文化和生命哲学的精粹之一。通过深刻的哲学思考和不断的实践，个体可以在智慧修养中走向更加充实、有深度的人生，实现伍福的圆满追求。

一、天人合一，福延寿者

> 养生的最高境界是天人合一，年轻时可以从饮食中获得足够的能量，随着身体的衰老和对衰老的抗拒、调节，人类会不断产生对于多种形式生命信息、能量的利用，只有天人合一，才有可能从宇宙中不断获取能量，才能保持生命的延续。
>
> ——宋自福《三十六智·天人合一》

“四时春作首，五福寿为先。”自古以来，人们把命不夭折且福寿绵长称为人生第一福。古代自然环境恶劣，卫生条件很差，我们的祖先深知生命脆弱，因此将长寿视为最珍贵的福报。对每个人来说，如果命不长久，那么，一切都是身外之物，只有长寿的人，才能享受到富贵、康宁、好德与善终之福。

人的寿命，到底有多长呢？传说彭祖活了800岁，但清代学者孔广森考证，在尧舜时代可能遵循的是“小甲年”的历法，也就是60天为一年，这样来算彭祖大致是活到130岁。即便如此，这个数字也是值得怀疑的，毕竟尧舜距今有4000多年了。据《永泰县志》记载，“菜篮公”陈俊从唐代到元代活了443岁。有族谱可查的清代李庆远活了256岁。这些文献记载的真实性其实都难以佐证，可能反映了人们对于长寿的美好期待。目前，世界上最长寿的老人，可能是新疆的阿丽米罕·色依提老奶奶，她于2021年去世，活了135岁。现代生物学家研究认为，基于染色体的复制极限理论（海夫利克极限），人类的生物学寿命极限是150岁。

随着生活水平的提高和医疗条件的改善，2023年中国人的平均寿命已达到77岁。古人时常感慨“人生七十古来稀”，一个人要是活到80岁，那就是老太君了。古人认为，“上寿百二十，中寿百岁，下寿八十”。换作今天，只要没有先天疾病、遭遇意外或身患癌症，保持良好的生活习惯，下寿80岁也就是基本目标。

那么，现代人到底活到多少岁，才符合伍福之长寿的标准呢？唐代医学家王冰在注释《黄帝内经》时引用《尚书·洪范》称“一曰寿，百二十岁也”。《老子》也认为“人生大期，以百二十为限”。《素问·上古天真论》说：“尽终其天年，度百岁乃去。”也就是说，在古人眼中，人类自然寿命的上限是120岁，一个人只要活到100岁以上，那就是顺应自然、尽享天年了。确定了这一点，我们就明白了追求长寿之福的目标是什么。在不借助医疗技术的情况下，一个人如果无病无灾，自然而平静地度过100岁，那就是命不夭折且福寿绵长。

河南的吴云青道士就是这样一个人。吴云青出生于一个贫农之家，自幼崇佛信道，他18岁就出家了，过着随性洒脱、粗茶淡饭、乐天知命的生活，他在102岁的天年坐化，无疾而终。他死后的肉身20年不腐，堪称奇迹。吴云青曾在陕北一带的古洞及庙寺中勤修“内丹道功”，之后加入青化寺的僧团，佛道双修。数十年之后，他被寺中僧众推举为长老。后来青化寺要改建为矿场，他也没有意见，选择就地归隐，住进窑洞，像陕北老农一样自耕自种，过着日出而作日落而息的生活。到了20世纪90年代，有人见他鹤发童颜，仙风道骨，传说他有150岁了。很多人慕名而来，他也不语，淡然处之。有人向他请教长寿的秘诀，他写了四个字——道法自然。

吴云青一生清心寡欲，是一个不求名利的人。随着年岁的增长，他便成为一个德高望重的老者。老子说，“夫唯不争，故天下莫能与之争”。很多人一生蝇营狗苟、争名夺利，最终在岁月的面前，还是一败涂地。有的人有先天缺陷，后天再怎么努力，可能也活不久；而有的人即便拥有长寿基因，但因为生活习惯不好或发生意外，也可能英年早逝。先生曾说，长寿就是一个人的福报。这里既有先天的福因，又有后天努力的福果。一个人能活多少岁，在很大程度上是由长寿基因决定的，但更为重要的因素还在于他对生命智慧的领悟。吴云青在他18岁的时候，就对自己的生命价值做了顶层设计，他修真悟道，追求的就是道法自然的生活方式。

先生曾经去探访过吴云青故居，他认为吴云青之所以能够长寿且康宁，是因为他的膳食是健康的，他的修行是身心双赢的，他追求的是天人合一的境界。先生说，虽然人人追求长寿，但是伍福的追求却是启在康宁，成在好德。换句话说，长寿虽然是人生第一福，但它是结果，而不是目标。因为从一开始，我们来到这个世界，我们并不知道自己能活多久，这个过程有太多不可预测的因素，所以长寿肯定是福报。之所以说，启在康宁，就像吴云青一样，首先是智慧的觉醒，建立了一个正能量的心相系统，让身体和心灵都立于不败之地。然后是成在好德，是保持着强大、豁达、乐观的心态，去做不带任何功利心的行善积德的事情。最后，收获可能在意料之外，有的人不仅得到了长寿，还可能拥有了富贵与善终之福。

20 年前，先生意识到：虽然我们的饮食文化丰富了，但是我们的膳食营养是不均衡的。高盐、重油、多糖且过于精致的饮食，让我们的代谢功能不堪重负，导致各种慢性病缠身，再加上吸烟、喝酒、熬夜等不健康的生活习惯，使得亚健康人群不断扩大，也增加了国家的医疗负担。他说我们要发动一场膳食革命，从小的方面说，营养强身是个体的觉悟；从大的方面说，营养强国是民族的觉醒。所以，那时候先生有一个愿望，就是希望从家庭做起，带动社群，影响社会，倡导民众通过科学的膳食营养强化，达到健康长寿，实现营养强国梦。

这么多年以来，先生身体力行，实证于法，从传播膳食革命的新营养理念的道路，走向建构和推广伍福文化的“精神营养”

轨道，他的初心是不变的，那就是启迪心灵，度人度己。先生曾说“心意是我们最大的营养”。事实上，很多人年纪轻轻就患上了高血压、糖尿病，就是因为膳食营养出了问题。而一个没有“开心窍”的人，就不懂得调整和改变自己的生活习惯，也很难拥有一颗强大的内心，很容易陷入佛家所说的“贪嗔痴”的困境中，与长寿之福背道而驰。

长寿作为伍福中的第一福，其实给我们最大的启发就是，生命可贵，要懂得惜福。每年都有很多人自杀，其中甚至包括很多明星和企业家。有的人可能是因情感问题，有的人可能是饱受抑郁症的折磨，我们不好去苛责。但是，他们的行为都是对生命价值的漠视。无论他们名声有多大，地位有多高，财富有多少，在先生看来他们都是没有福气的人，都是没有“开心窍”的人。

先生说：“养生的最高境界是天人合一。”我们每个人都是一个小宇宙，都是一个或大或小的能量体。就像中国科学院院士、西湖大学校长施一公说的，我们的身体每时每刻都有成吨的暗物质穿堂而过。其实我们的身体都在接收自然万物和大宇宙的信息和灵感。当我们的生活方式、思维方式符合自然规律的时候，也就是达到了天人合一的最高境界。这时，养生的意义就不单单是健康的生活，而是以超越常人的寿命，高质量地活在这个世界上。

先生不认同疾病的说法，他认为我们只有疾病健康与非病健康两种状态，我们不要给自己打上“患病”的标签吓自己。先生说伍福是研究生命价值的学说，他始终把人的生命作为考察研究的对象，竭力了解人的生命本质，人与自然、社会的和谐关系，并把延年益寿、开发身体潜能作为研究的主要目的，包括生命的新陈代谢过程、生命存在的奥秘，等等，这与道家重命养身、乐生恶死的理念是一致的。

当然无论道家、儒家，还是佛家，其实都是崇尚生命的信仰。尤其是道家，更是有一套系统的修身养性、延年益寿的修行法门，不过先生始终认为“心法”重于招式。即便没有如道家专门的内丹修炼方法，只要意识觉醒，心智开悟，我们就能纠正自己不健康的生活方式和偏执的思维方式，也就走在了福寿绵长的道路上。

从中国老年学和老年医学学会公布的全国十大寿星排行榜上可以看出，这些长寿老人有一个共同的特征，那就是生活在优良的生态环境里，保持豁达乐观的生活态度和适度的户外活动，以及合理的饮食结构和健康的生活习惯等。所谓大道至简，这些长寿老人也许并不懂什么养生秘诀，但他们是懂得生命可贵的，而且他们天生就是心境澄明的人，不自觉地选择了顺应自然、合乎生命规律的生活方式，从而得到了长寿之福。

既然我们有缘来到这个世界，就要明白这绝对不是巧合，我们每个人都是带着使命降临的。有的人是时势造英雄，而有的人则是英雄造时代。每个人的使命也许不同，这是因为他们的角色与责任不同。在我看来，先生的使命就是重新建构伍福文化，而我的使命就是让更多的人了解先生的思想。先生常说，道不在远处，福不必外求。先生终其一生无非是想说清楚一个道理，中国人所有的追求都离不开伍福的框架。终其所有，凡此种种，它都写在“伍福临门”的春节楹联上。

古代帝王，无一不想长生，他们把希望寄托于灵丹妙药、方外仙草，最后的结果都是徒劳的。世上绝无长生之人，我们也无须羡慕那些通过医药手段强行续命的人，因为最后都要与这个世界告别。我们需要明白，长寿不仅代表着生命的延续，更代表着精神的富足和生活的从容。长寿就是以时间换空间，最后“剩”者为王。一个人活得久，也就意味着拥有更多的时间去体验世界，有更多的机会去帮助他人，也会有更大的舞台去演绎生命的华彩。因此，在有限的生命里，领悟我们身上的使命，去创造一个更加富饶的精神世界，就算不虚此行。

二、富有贵根，贵人多助

> 富裕之后，还要修为到品行高贵，这样才会受到圈内人的尊敬，当你遇到麻烦时，周围有实力的贵人会出手相助，富裕就像扎了根一样，重新生长茂盛。
>
> ——宋自福《三十六智 · 富有贵根》

如果家里不富裕，该不该告诉小孩儿呢？这是《奇葩说》里的一道辩题。正方认为应该告诉，理由是不要欺骗孩子，有什么条件就给孩子什么样的照顾。随着孩子长大，如果他看到别人有而他不能拥有时，对孩子来说是一种残忍。而反方认为，童年无忧无虑的时光是特别珍贵的，如果告诉孩子真相，会给孩子带来很大的心理负担，并且会造成孩子过早地滋生虚荣心。

出这道辩题的目的其实不在于是否应该告诉小孩儿真相，而是父母该如何引导孩子建立一个正确的金钱观。我记得蔡康永在回答这道题时说得颇为中肯，他说跟孩子这场谈话要注意的是不要让孩子对金钱产生偏见，如果认为金钱是人生的唯一目的，那他对成功的定义就是财务自由。很多人也许会对蔡康永的观点嗤之以鼻，难道人活着不是为了“搞钱”，那还搞什么？可是，我们有没有想过，人人都想财务自由，那到底拥有多少钱，才算财务自由？巨富马斯克，他早就实现了财务自由，为何他还要冒着破产的风险去造电动车，造火箭，还要搞移民火星的计划？

中国古代讲究士农工商，其中“商人”的地位最低，常常被扣以无商不奸、唯利是图的帽子，读书人也视金钱如粪土，不沾铜臭味。在拜金主义、消费主义盛行的当代社会，人们又陷入另一种极端，把金钱作为人生的唯一追求。无论是不爱钱，还是只认钱，其实都是对金钱的重大误解。那么，金钱对于人意味着什么？其实就是两个字——权力。你想要豪车、豪宅，想要 VIP 待遇，有求必应，让你的欲望得到满足，这是权力带给你的快乐。这是人性当中想要的东西，然而人性中还有你不想要的。比如你不想上班，不想被别人看不起，不想贫穷，等等，那些我们称为责任、义务的东西却如影而随，挥之不去。这说明了什么？说明欲戴皇冠，必受其重。人是社会的动物，人有所能，必有所不能。古人说得好，吃得苦中苦，方为人上人。所以追求权力的逻辑是反的。你只有先学会承担责任、接受义务，接纳痛苦、拒绝享乐，先学会“反人性”，延迟满足感，才能获得更大的权力。

俗话说，“穷有因，富有根”。如果你无法变得富有，一时难以改变自己的现状，身上一定有致命的缺陷——比如懒惰、偏执、怯懦等性格问题，以及学习、社交、言谈、办事能力不足，等等。当你变得富有，且越来越成功的时候，一定是积累了本钱，抓住了机会，赢得了贵人相助等一系列综合因素造就。虽然天道不一定酬勤，但是小富靠勤。在你没有先天优势可以借用的时候，脚踏实地、勤奋好学，提升个人能力，增加储蓄，积攒筹码，才是寻找财富阶梯的唯一路径。

焦虑、急躁、冲动等情绪，对于改变现状没有任何益处。很多人连眼前的事，手头的活儿都干不好，哪有什么资格说自己怀才不遇。任何人、任何事，只要做到了极致，就不愁没有机会。我们常说是金子总会发光。但是如果还没有发光，有没有可能你根本就不是金子呢？假如你是一块铁，成为金子这个目标就背离了现实，因此你需要对自己有一个理性的、客观的认识，百炼成钢才是你的真正出路。先生以前说“贵人先贵己”，说的就是这个道理。一个人首先要成为自己的贵人，你连自己都不帮，别人怎么帮你？穷与富的分野，就是认知和思维的区别。

为什么追求成功的人多，而世俗意义上获得成功的人少呢？著名的价值投资人查理·芒格曾说：“人的功绩就这么分的，成功的人总是少数。追求成功的人多，获得成功的人少。纪律、德行、诤友、机会，说白了，就是一些简单的东西。”他说了解自己的能力圈是非常重要的，不要对自己撒谎，要经常对比自己能做什么和别人能做什么，不要把自己置于悬崖边上。我们每天都会看到很多机会，但不一定是属于自己的机会，在我们的一生之中只要抓住属于自己的机会就行了。很多人把目标定得太高，远远超出了自己的能力，这是不符合常理的。我们说一个人永远无法赚到自己认知之外的钱就是这个道理。这种认知有时候并不是多么高深的道理，它就是查理·芒格说的“老理”，往往就是一层窗户纸，一捅就破。但是你没有见识过、经历过，就很难理解“大道至简”。

听朋友讲，在他们的社区里有一家开了快20年的理发店，因为常去做头发跟老板很熟，就聊起了家常。老板说他有个1998年出生的外甥，现在很令他头疼。外甥每个月都要向他借钱，若不是看在姐姐的面上，他都懒得搭理他。这个外甥原本在一家饭店里当厨师，厨艺还没学精，就想着自己当老板。在家里东凑西借，用30万元开了一家快餐店，这笔钱还包括理发店老板的姐姐多年省吃俭用攒下来的10万元医疗备用金。结果这个外甥一顿操作猛如虎，不到半年餐厅就倒闭了，外面还欠了大几万。然后他又回到餐厅打工，见自己的同学、朋友都有车，觉得自己也不能落后，于是分期付款买了台30来万元的车，还说10万元左右的车开出去没面子。本来餐厅有宿舍，一个月有个万把块钱的收入，攒点本钱是没有问题的，现在可好，光还车贷每个月要用掉七八千元。前不久这个外甥谈了个女朋友，他们就搬到外面去住了。他外甥那点儿工资，不买车、不在外面租房，本来绰绰有余，如今却每个月都要借钱过日子，早已经债台高筑了。

听完这个故事，我能理解为什么这些年“电诈”泛滥成灾了。即便有关部门三令五申、严禁偷渡，依然挡不住大批年轻人要去缅北做“电诈”的行当。不是他们想去，而是他们不得不去，因为这些年轻人的信用早就破产了。这些人当中，有很多人根本不值得可怜，他们的身份证、手机号码、银行卡等，凡是能套现的早就卖了。国内又没有什么能一夜暴富的机会，为了躲债、逃债，他们只能以身犯险。哪怕可能遭遇生命危险，他们还是心存侥幸，试图搏一搏，单车变摩托。我不禁为这些年轻人感到担忧，他们不会意识到自己生活在移动互联网制造的信息茧房之中，自己对“富贵”的理解产生了严重的偏差，满屏都是开库里南、法拉利的暴富假象。他们的大脑被消费主义格式化了，丢掉了父辈们脚踏实地、拼搏进取的精神，过早地透支了自己的信用和未来，将自己置于糟糕的财务陷阱之中，不知道做长期可积累的事情。

2023 年年末热门电视剧《繁花》的开篇讲到了一个“生意经”，可谓发人深省。上海落魄子弟阿宝求教原黄河路 27 号外贸公司的老法师爷叔带他发财，而爷叔并没有被这个一腔热血、眼中充满赚钱欲望的阿宝打动，而是首先问他什么是生意。阿宝回答：“一买一卖，将本求利。”我相信很多人对这个答案是认可的，但问题的关键是我们拿什么买？也就是说，你做生意的本钱从哪里来？如果你家里有地、有房、有资本，那就没必要来讨教如何做生意了。如果你没有启动资金，该怎么办呢？爷叔说做生意的本钱，无非两个，第一是老老实实、脚踏实地，出卖自己的技能和时间去挣钱，并且省着花，形成第一笔启动资金；第二是动用一切可动用的力量去借到做生意的本钱。

可在你没有钱的时候，谁会借给你钱呢？即便借到钱，这个钱是有成本的，不管是利息，还是人情，没有成本意识，生意做不长久。假如你要借100块钱做生意，如果利息是20%，那请问你应赚回多少钱呢？是赚120块钱就可以了吗？实际上不是的，因为赚到的钱除了偿还债务和利息，还要支付自己的生活开支、交易成本和持续周转的资金，也就意味着赚回的钱至少要翻两倍，这个生意才能持续做下去。这是一切通过融资去做生意的人所要具备的成本意识。况且，在现实生活中，有很多借来的钱，是不允许亏损的。除此之外，我们还要面临两道考验，赔钱了怎么办？会不会见钱眼开，而丢掉了诚信和责任？没有考虑清楚这两个问题，就不要做发财梦！

当我们在看到别人做生意的噱头、行装的派头，而疏忽了商业素养的训练与品格的修炼，最终凭运气赚的钱都会凭实力亏掉。在现代社会，财富的获取并非仅仅依赖胆大和运气，专业能力、道德伦理、社会责任才是创造真正财富的重要因素。先生强调，富裕之后要通过修行使品行高贵，这样才能在困境中得到贵人相助，让财富生根扎根。眼里只有金钱的人，往往成就不了大富大贵的人生。他们只追求富而忽视贵，是一种短视的追求。

孔子说过：“富与贵，是人之所欲也；不以其道得之，不处也。贫与贱，是人之所恶也；不以其道得之，不去也。”孟子说：“诚者，天之道也；思诚者，人之道也。至诚而不动者，未之有也；不诚，未有能动者也。”孔子说的是，富贵要以正道获取，通过歪门邪道来改变贫贱的处境，不值得提倡。而孟子认为，真正的富贵之道是建立在对天命的顺从和责任的坚守之上的。人们渴望富贵，但只有在修身养性的同时，遵循天道，持度守正，才能在富贵之中得到真正的福报。不为短暂的物质富足而折损品行，方可真正拥有富贵之福。所以先生一直提醒我们，富有并非成功的唯一标志，它一定要依赖于“贵根”才能兴旺发达。很多人眼睛里只有“富”，没有“贵”，是他们不知道长寿、康宁、好德、善终才是真正的富贵之福。

回首历史，那些曾经一时风光无限的“首富”，如今何去何从？中国人讲究阴阳思维，很多人没有意识到“富”的谐音是“负”。先生说，“首富”是首先要担负起社会责任。这是一种深邃的理念，告诫人们不要被财富冲昏了头脑，迷失了自我。否则，财富非但不能让你变得更自由，反而会成为你的枷锁。富有者要意识到自己肩负的责任，成为社会的积极参与者。老子说：“持而盈之，不如其已。揣而锐之，不可长保。”古人的智慧告诉我们，在追求富贵的过程中，贪婪和过度的欲望往往会削弱个体的根基，使得富贵成为短暂而虚幻的追求，持之以恒、知足常乐，才是富贵之福的真谛。

这让我想起了《感动中国》的获奖人叶嘉莹老人，她的成就蜚声海内外，是华人文坛的珠玉之声，她深耕杏坛，致力于推广中国古典诗词 70 余年，曾获“中华诗词终身成就奖”“影响世界华人终身成就奖”等多项荣誉，被誉为“中国最后的女先生”。

2018年，叶嘉莹将自己的财产3568万元捐献给南开大学教育基金会。她曾多次写信表示不要任何报酬回国教书，40余年来到国内数十所大学巡回讲学。即便年事已高，为了让孩子从小受到诗词的熏陶，她每天都工作到凌晨。2024年是叶嘉莹老人的百岁期颐之寿，钱财对于她而言只是一种工具，她也没有挥霍金钱的欲望，她将一辈子的积蓄都捐献出去，是因为这种对待金钱的方式，更符合她的人生价值，更能让她快乐。

三、持度守正，从心所欲

> 太极健养身体，荣养心智，建立合理的运动体系，身体立于不败之地，建立阴阳思维模式，心理立于不败之地，身心双赢。
>
> ——宋自福《三十六智·身心双赢》

康宁的字面意思是“健康安宁”，这一含义早已在古代汉语中有所体现。古人认为体内气血通畅为“康”，而安居乐业、丰衣足食、内心平静为“宁”。可以说从古代到现代，康宁是深深植根于中国传统文化中的一种人生理念，它的核心意义就是身体健康、内心强大以及积极乐观。不过，要获得康宁之福，人们需要进行身心的修炼，这一观念被先生深刻挖掘，并在伍福框架下总结出康宁的文化价值。

在伍福文化的象征中，康宁的寓意对应中指，因为中指最长，代表着康宁处于最高峰，而“心境”则被认为决定了人生的高度。先生曾将工作日星期一到星期五分别用长寿、富贵、康宁、好德、善终进行指代。他说星期三被定义为伍福康宁日，象征着身心成长的重要时刻。不仅如此，康宁在伍福语境下还有多重寓意，如触动心灵的妙语、代表经络营养、是乐观精神的象征，以及“吃亏是福”等理念。

人的成长就是心智完善的过程。人生道路上，心智模式的束缚是每个人需要克服的最大障碍。心智模式是人们在大脑中构建的认知外部现实的模型，它影响着人的观察、思考和行动能力。无法改变心智模式的人很难实现深层次的学习，从而难以改变命运。伍福文化提出了建立正能量心智模式并持续修炼的理念，这成为对康宁深刻认知的基础。

然而，并非每个人的心都有明确的方向。许多人因为无法摆脱不健康的心智模式，使得人生陷入暗黑认知的境地。马加爵就是一个例子，由于外貌和性格问题受到嘲笑，最终导致了悲惨的结局。这种心智脆弱的个体在团队中如同不定时的炸弹，因此在团队建设中，打造正能量的心智模式显得尤为重要。

人们来到这个世界并非从最开始就拥有健全的心智模式，因此修炼成为必经之路。在团队中，为什么不是每个人都能当领导？当然，除了管理能力之外，心理素质对于当领导而言也非常重要。一个人肩上能挑多重的担子，心里就要能装多大的委屈。

人们总是羡慕那些成功的人，却不知其成功背后付出了什么努力，顶住了多大的压力。这需要强大的钝感力，需要紧盯自己的目标，把注意力放在自己身上，不要执着于外界的评价。所以，一种强大的心智模式，必定有它的认知框架和判定尺度。在这一点上，先生吸收了李云飞的“度学”理念，将“持度守正”的概念融入伍福文化体系中，提供了一种修炼心智模式的方法。他说面对别人的无端指责，首先想到的不是反唇相讥，而是置之不理、淡然处之。如果别人一刺激你，你就条件反射般地跳起来，自己就会变得不理智，实际上也更容易掉进别人的圈套。冷静下来更有利于观察对方的漏洞，可以更好地组织语言、罗列事实进行反驳，适当的时候可以示弱，寻求别人的支持。要做到这一点不容易，但确实可以这样来磨炼内心，从而达到内心强大的目的。

拥有正能量心智模式的人具有内心强大、乐观向上的特质。他们在逆境中能够看到希望，在平淡中积蓄力量，在磨炼中快速成长。这种人不仅具有广阔的视野，更有足够的内心力量去完成使命。历史上的领导者如邓小平，政治生涯历经“三落三起”，但他始终信仰如炬，理想如帜，保持着强大的精神动力。谪居江西时，依然密切关注世界风云变幻，关注政坛的跌宕起伏，关注国家的经济发展，关注人民的生活状态。复出之后，带领国家和人民走出泥潭，步入改革开放的新时代。他用实践演绎和诠释了中国共产党人价值追求的真谛和内涵，在人民的心中树起了一座丰碑。

在伍福文化中，深刻理解康宁的内涵需要点醒内心的良知，明确人生的方向，消除内心杂念，用伍福正能量心智模式引领自己的成长。改善心智模式需要持续的修炼，因此以伍福文化为价值观建立正能量的心智模式是一场终身受益的修行。这场修行，可以分为三个维度，即修正、修理和修炼。伍福的实现是自我觉醒、自我探索、自我成长的过程，它就是一段智慧修养的历程，需要通过修正、修理、修炼三个方面的修行，以达到行为的纠偏、内心的强化、品德的升华，从而实现更加圆满、幸福、有意义的人生。

修正，就是根据我们的经历和观察，对自己的行为进行反思和调整。我们常讲，对子女最好的教育是言传身教，但实际上很多父母并不具备教育子女的能力和条件。如果我们正好处于这样的家庭，那只能通过观察比我们优秀的人，从他们身上汲取优良的品质。小时候，我外公没有重男轻女的观念，他对我说女孩子也要努力读书，我真的把这句话听进去了。虽然我外公也不知道读好书到底能做什么，但是他坚定认为农家子弟读了书一定会更好。很多人认为年龄到了就是长大了，其实未必。我觉得长大就是别人影响你，而你通过观察和思考反照自身进行验证的过程。为什么有人说，听了很多的道理却依然过不好这一生？这是因为没有付出代价的道理，永远不可能在心里扎根。

修理，是人生中不可或缺的一课，它教我们学会接纳的能力。生活的风风雨雨，时常会让我们遭受打击，我们需要正视挫折，要明白正是这些外界的作用力，在敲打中磨炼我们的心智，帮助我们塑造坚韧的品格。世界上许多成功的人都曾经历过沉沦与失落，却能在“修理”中崭露头角。比如，苹果创始人史蒂夫·乔布斯曾被公司开除，但他没有因此而气馁，反而在失败中找到了创新的动力，最终成就了辉煌的事业。这种在逆境中崛起的力量，正是修理的体现。成功是管理一连串失败的能力，我们要学会从他人的修理中汲取经验和教训。与其沉浸在自怨自艾中，为一块绊脚石懊恼不已，不如跌倒重来，将其作为你身经百战的垫脚石。

修炼，在我看来就是通过不懈努力提升智慧，让我们可以作出明智的判断和选择。儒家讲的“内圣外王”就是修炼的最高境界。我们讲外圆内方，菩萨心肠、金刚手段也是这个意思。所谓持度守正，面对不同的人，处理不同的事，要用到不同的态度和尺度，我们可以因地制宜、随机应变，但我们一定要守住“正道”。这个“正道”，就是我们心中的“伍福”。

“九太极持度守正”正是核心修炼的方法和思维。陈式“九太极”是拳法，蕴含着太极思维，在练习九太极时，可以体会太极的精妙之处。它能帮助我们运用太极思维看待人和事，用系统思考考量人生和未来。持度即掌握分寸、保持平衡，占据主动；守正即恪守正道，坚持信仰。伍福文化具有厚重的传承，包含了长寿、富贵、康宁、好德、善终等五种人生追求，既有儒家的自律内求，又有道家的太极均衡法则。我们可以把它理解为一种认知模式，能够帮助我们建立一种思维框架。很多人没有原则，可能不是主观上他们想放弃原则，而是没有帮助他们作决策的判断模型，所以才会作出很多荒谬的决定，让人觉得不可思议，难以理喻。

长寿告诉我们，一切要可持续，要做长期可积累的事业，不要急功近利。富贵告诉我们，做任何事都需要钱来支持，但我们不要沦为金钱的奴隶，要驾驭金钱，创造更大的价值。康宁告诉我们，要保持乐观的心态，修炼一颗强大的内心，就像《老人与海》里面说的，除了你自己，没有人可以打败你。好德告诉我们，德行天下，仁者无敌。善终告诉我们，全力以赴，尽职尽责，下要教育子女，不要假手于人，上要孝敬双亲，让他们老有所依。这种修行不仅在精神上带来了智慧，也在实践中培养了善于作出明智选择的能力。

正能量是当代社会的迫切需求。伍福的正能量体现在通过内在信仰的觉醒，将伍福文化植入内心，建立太极思维模式与正能量的心相系统，为家庭、朋友带来正确的价值观和行为引领。伍福正能量理念不仅是家庭安全和幸福的“360 杀毒软件”，而且是每个人修身养性、磨砺人格、勤学修德的价值标签。

先生说，持度守正修得康宁之福，是开启伍福人生的法门。通过伍福文化的启示，我们深刻理解了康宁的内涵和意义，明确了修炼心智模式的必要性。康宁之福不是轻松获得的，是需要不断地努力和坚持的。如果你不知道从哪里开始，那你就从此刻进入到康宁之福的修行中吧。唯有持度守正，修得内心强大，我们才不会被轻易击倒。追求身心灵的统一，这是一场漫长而值得的修行之旅，也是人生的至高境界。

四、吃亏是福，福德无量

自古以来人们时刻都在权衡吃亏、占便宜，吃亏者在交往中常占主动。别人回报你时，往往出乎你的预料，倍感幸运。养成吃亏是福的心智模式，宰相肚里能撑船，老年时吃亏不会生气得病，是善终的福。

——宋自福《三十六智·吃亏是福》

“人争一口气，佛争一炷香。”这句话出自《增广贤文》，但经常被人以讹传讹，狭隘地理解为，凡事要争个你高我低，寸步不让。实际上，佛是无欲无求的，争也好，不争也罢，佛都是不在乎的，争来争去的都是芸芸众生。有时候，这口气是完全没有必要的意气之争。一个宝马车主，因为喝醉骂了代驾司机，发生了口角，结果被捅死。武汉火车站的一家粉店，因为米粉涨了一块钱，店主跟顾客发生冲突，被人砍掉了脑袋丢在垃圾桶里。本来都是鸡毛蒜皮的小事，却常常由于人们恶语相向，造成不可挽回的悲剧。我们把那些情绪糟糕、怒气冲冲的人称为“垃圾人”。若是碰到这样的人，我们与他发生争执是得不偿失的。

数千年来，中国一直是农耕文明社会。小农经济在中国古代社会的生产生活实践中占主导地位，长期与天争利的习惯造成民族劣根性，我们称之为“小农意识”。新中国成立以后，我们走向工业文明，时代骤变，但很多人的思维方式没有转变过来。我记得小时候，还看见过手工纺车、水车，这些农具早在东汉时期就有了，然而短短几十年后，我们就拥有了电话、汽车以及各种电器，紧接着进入了互联网时代，要买什么、吃什么，在手机上操作一下就能送上门。有些人的身体坐上了时代的高铁，头脑却还停留在古代的马车上。传统文化里有好的观念，也有属于糟粕的东西，我们还需要一场持久的思想洗礼，才能将自耕农的残留意识去除干净。

"福"字虽然是我们老祖宗的伟大发明，它脱胎于传统文化，但我们对"福"在新时代的内核延展上的探索却从未止步。很多年前，先生就创作了一幅书法作品——《双福能量图》，其中有一个福字左边是一个"亏"字，右边是"一口田"。它看起来像一个人，笑起来把"亏"吃进了肚子，意思是说"吃亏是福"，宰相肚里能撑船。这个吃着"亏"的福字，被先生命名为"中华智慧福"。先生曾说，"吃亏是福，在吃亏中得到道德的升华"。这样的人，看起来傻傻的，但他用豁达和宽容，鞭策了自己的成长，提升了自己的格局，他就是在积德。

为什么人人都不想吃亏？在现代心理学上有一个词叫作"损失厌恶"。就是说，花掉一万块钱，你不会心疼，但是如果你丢掉了一千块钱，你就会感到很难受。我们要克服"损失厌恶"的心理是不容易的，而且很多时候在这种心理的支配下，我们做决策时也会意气用事，结果不但没有挽回损失，还会动怒伤身。我有一个朋友，她家的老太太被"电诈"骗了五万块钱，老太太一生气身体就不好了。我就劝这位朋友，先报案让警察来做笔录，然后过几天取五万块钱给老太太，就说警察破案了，把钱找回来了。我们虽然知道这笔钱很难找回来，但是我们用一个善意的谎言，让老太太不要胡思乱想，保持健康的身心，这比损失的五万块钱重要多了。如果沉没成本无法挽回，我们就要及时止损，让自己冷静下来，避免重蹈覆辙。这当然需要训练。我们在“吃亏”中觉悟，我们在“委屈”中成长，我们在“经历”中得到启发，这种能力就是智慧。

在儒家看来，“吃亏”是君子的美德之一。孔子说：“君子怀德，小人怀土。”又说：“君子喻于义，小人喻于利。”有人说，孔子老是教我们做君子，但历史上的很多君子都没有好报。其实，不只这些人怀疑孔子所提倡的“道德观”，就连孔子最得意的门生子路也曾经怀疑过。在孔子周游列国的路上，一行人陷入窘境，连吃饭都成了问题，子路问孔子：“君子亦有忧乎？”[1]孔子很平淡地说，真正的君子不会感到忧虑，君子修身养性、专心求道，乐在其中，实践圣贤教诲，在生活中善巧运用，只有小人才患得患失、提心吊胆，没有一天是快乐的。电视剧《繁花》中，爷叔教给阿宝的第一堂商业课就是“亏钱”。爷叔说，纽约帝国大厦，从底层爬到顶楼要一个钟头，但从屋顶跳下来，只要八点八秒。一个只看短期利益的生意人，一定缺乏战略性思维。如果不能战胜

---

① 子路问于孔子曰：“君子亦有忧乎？”子曰：“无也。君子之修行也，其未得之，则乐其意；既得之，又乐其治。是以有终身之乐，无一日之忧。小人则不然，其未得也，患弗得之；既得之，又恐失之，是以有终身之忧，无一日之乐也。”（见《孔子家语·在厄第二十》）

“厌恶损失”的意识，一旦遭受巨大亏损，恐怕只有死路一条。

眼下“吃亏”并非真正的损失，相反如果别人都觉得你“吃亏”，它恰恰是“美德”的体现。可能失去的是钱财，但收获的却是人心。先生说，走的路，流的汗，都算数，不要觉得你吃亏！很多人活得肤浅，看什么都只看表面，永远不知道“吃亏”会创造什么因缘，也不会知道积德带来什么福报。我们赤裸裸来，赤条条去，本来就一无所有，又谈什么不可失去。

如果换个角度看，我们就会发现，我们从出生的那天起，每一天都是“得到”，我们为什么还要锱铢必较呢？在电视剧《天道》（改编自长篇小说《遥远的救世主》）中有一个桥段，生活在小县城的丁元英，天天早上去一家早点铺吃早餐。有一天，他付了钱，吃了油条和粥，起身走的时候，被早点铺老板大声叫住了："你还没付钱呢？"丁元英先是怔住了，然后走过去二话不说又付了一份早餐钱。如果换了别人，一定要跟老板理论一番，甚至会想我天天在你这儿吃早餐，就算一顿不给钱，也不至于当着众人的面大声叫我付钱，让我颜面何存？而丁元英眼里只有怜悯，不作任何解释。这不是因为早餐不值钱，而是因为辩解这个行为本身就没有必要。

有些亏是明里吃，有些亏是暗里吃。如果哑巴吃黄连，有苦说不出该怎么办？20世纪有谁能比亚洲首富李嘉诚吃的亏大？大盗张子强绑架了李嘉诚的长子李泽钜，李嘉诚在接到张子强的20亿元的勒索电话后没有一丝惊慌，他冷静地帮张子强分析20亿元在银行无法提现，更何况只要现金的话有些困难，短时间内可以凑到10亿元现金，最终张子强同意了。临走的时候，张子强和李嘉诚握手道别，突然问道："我这样搞，你们李家会不会恨我？"李嘉诚淡定地说："你放心，我经常教育孩子，要有狮子的力量、菩萨的心肠。用狮子的力量去奋斗，用菩萨的心肠去待人。"李嘉诚很清楚地知道，他之所以栽这样的跟头，是因为他没有防患于未然，这10个亿就是他交的学费，他不会再犯同样的错误。而面对这样的泼天富贵，张子强很快就挥霍一空。李嘉诚曾经劝张子强买他的股票，张子强没有听。钱花完了之后，张子强又走上了犯罪的道路，在逃亡江门时被抓获，最后被依法判了死刑。

人们常说，吃了暗亏就当是积阴德。这样的话，不是没有道理。在我们的传统文化中，儒家将"吃亏是福"作为仁爱之心的修行；道家告诉我们顺其自然、淡泊名利；佛家则说"如是因如是果"，恶有恶报，善有善报。先生也说，在遭遇不公平或不幸的时候能够保持善良和宽容是一种积极的品德，我们要养成吃亏是福的心智模式，宰相肚里能撑船，老年时吃亏不会生气得病，是善终的福。许多人吃不了亏，他们也无法得到更多。

老子说："圣人不积，既以为人，己愈有；既以与人，己愈多。"有智慧的人，都知道付出越多，收获越多。一个人能拥有多大的财富，他必然拥有多大的责任。我们羡慕别人的财富，很多时候看到的只是金额，却看不到财富背后的功德。智者功成不居，不在乎名，不束缚于利，居上德却不认为自己有德，才是真正的大德、厚德、玄德。所以，修行好德之福，我们需要"敦儒家之品行，参佛家之理性，循道家之功夫"。

五、奋斗圆梦，善终其功

> 人除了心理、精神，其他方面就跟动物一样，他多出来这一块儿才是需要我们用力经营，用心经营的。达到这种认知的人，是把奋斗作为一种荣耀，作为一种不断发展的信心，这样的团队是要创造未来历史的，历史会记录每个人在这个舞台上的角色。
>
> ——宋自福 2020 年 12 月 21 日

“撸起袖子加油干”，奋斗不讲条件和借口；“一张蓝图绘到底”，奋斗没有退缩和彷徨。先生曾说，中华民族是奋斗的民族，所以“高质量发展”理念的提出是时代拐点出现的必然。在过去三四十年中，我们发展工业，解决了物质需求的问题；我们发展房地产是中国经济与外汇脱锚的历史选择。在这个过程中，中国人用他们的血汗和勤劳创造了世界第二大经济体，然而世界并未真正接纳我们。中国依然居于全球分工的产业链中下游，在我们向高精尖领域发起冲击的时候，我们便要受到欧美国家各种各样的制裁。当人口红利逐渐见底，中国无法再提供廉价的劳动力，外资便毫不犹豫地将产业向东南亚转移，留下了各种各样的社会问题。

在这种背景下，我们不得不去探索一条属于中国人自己的可持续发展道路。当“高质量发展”命题横空出世，意味着我们国家经济建设的“上半场”已经结束，而“下半场”将是一个奋斗圆梦的新时代。虽然我们还不能够一览它的最终面貌，但它一定是一个用善终思维去发展的全新形态。先生在海南养病期间，凭栏观海，看山系论伍福，广链接谈康养，他认为“高质量”隐藏在过程中、事件中，更隐藏在我们的内心，我们只要韬光养晦，保持这种状态，就一定会有更好的发现。他说，我们不但要有大局的眼光，也要有落地时的灵光。“幸福都是奋斗出来的”“奋斗本身就是一种幸福”，而很多人还停留在“上半场”的传统思维模式中。这种只顾眼前利益，追求享乐主义，一旦干点事儿有点成绩了，就直接去卡拉 OK 狂欢的人，在先生看来，他们的“心”是没有根的。先生经常讲南泥湾精神，强调要从根上理清奋斗精神，只有坚持“幸福都是奋斗出来”的信念，奋斗才会有精神，过程中用心，结果才会好，用心重要的是收心。

在闲余的时间，先生总是在思考，既然发展是永恒的主题，奋斗依然是时代最激荡人心的旋律，我们必须相信国运。这是相信的力量，世界上没有任何曲折和陷阱可以阻拦我们发展的决心。高质量发展既是理念，也是行动，更需要不断思考和探索。从抽象到具体，从大局到细微，在这个过程中，有一个问题我们需要回答，那就是“谁才是下半场真正的英雄？”。既然我们要对上半场进行思考，就要提出疑问，要在质疑的过程中把内在的力量挖掘出来。先生认为“下半场”的英雄是奋斗者。这个奋斗者不是别人，就是此时此刻的你和我。唯有奋斗才能圆梦，唯有奋斗才得善终。

我们观察一个人是不是奋斗者，要看他的心态。一个心态不好的人，一旦发生变故，他处理的结果往往都不会理想。做事情时上不上心，对家庭、孩子、老人以及工作走不走心，从这些细节中就能观人、识人和用人。我们对孩子有很高的期待，对孩子的需求却总是敷衍了事，没有在孩子身上投入精力、心血，就望子成龙、望女成凤，想享受孩子带来的荣耀，这是不可能的。再比如我们吃饭，吃什么不吃什么，少吃什么多吃什么，我们不用心学些营养学知识，那总是一笔糊涂账。如果我们有了高质量发展的思路，那无论是工作，还是生活，我们都不会犯糊涂。

在心理学上有一个术语叫“心流”（flow），是指人专心致志沉浸在某种行为或事务当中的一种心理状态。进入“心流”的人，会产生高度的兴奋和充实感，他们会享受自己手头的工作，不被外界的人和事影响，也不愿意被打扰。先生更喜欢“flow”的谐音，故而将其翻译成“福流”，把它当作积极心理学的一个概念。先生说，沉浸式的奋斗产生“福流”。我们要珍惜和保持这种“福流”状态，这种忘我的幸福是奋斗者一种高层次的精神享受。

我们很难赚到认知之外的财富，就算偶然取得也不会长久。我们要想在某个领域有所成功，除了不断提高我们的认知，更为重要的是用心、用情、用命地投入，用钢铁一般的意志力克服困难，这样才能得到好的结果。有人说，这个世界就是一个草台班子。仔细看看我们身边的一些人，他们谈不上敬业，更别谈用心了，“奋斗”只是他们的口头禅而已。而这恰恰是奋斗者的机会，先生说，真正的奋斗者会从认知、情感、意志力等方面产生领悟。

伍福引导奋斗者进入到“福流”的状态，但奋斗不是蛮干，是从心开始，知行合一，沉浸其中，方能汇聚福流。

奋斗者是有心的，没有心的奋斗者是“假把式”。这个“心”就是指我们的心态、心劲、心相，它们分别对应了认知、情感、意志力。一个人的心态是乐观的，还是悲观的，取决于他的认知能力。看不透本质，看不到未来，就会出现误判。毛泽东的《论持久战》就体现了他超出常人的认知能力，所以他对抗日胜利的前途是乐观的。而情感与我们的心劲息息相关。情感力脆弱的人，不仅缺乏共情能力，也会对目标缺乏持久的热情。为什么很多人感到压力大、恐惧，甚至抑郁？就是因为他们过于敏感。自尊心太强，往往是物质或内在匮乏的表现。有的人经不起批评，跟他谈话需要小心翼翼，要时时照顾他的感受，这样的人担不起重大的责任。意志力是由人的心相系统决定的。我们讲的抗打击能力，不怕苦、不服输的精神，都是意志力的体现。

在海南养病期间，先生在海南省中医院认识了一位 87 岁的老中医，她叫冯宝兰，她做的针灸以“浮针”为主。她的治疗原则是所有的病都要从解决内心的恐惧、抑郁开始。在她扎针的时候，她会慢慢跟你打开话匣子，她是真正地用心在诊治，她是发自本心地热爱她的职业。每一个在她那里扎针的人，都会觉得很快乐。先生说“伍福”，倒过来念，谐音就是“服务”，用“伍福”的理念来指导“服务”工作，没有人是做不好的。我们常常说“伍福”从康宁开启，但是我们都有社会身份，都有自己的职业，我们在考虑他人的需求时，我们的第一个念头应该是“善终”，就是以终为始，尽职尽责。脑子里有“善终”思维的人，才是走心的人。

先生问冯宝兰，您的技术这么好，您是怎么学成的呀？冯宝兰告诉先生，她老家在柬埔寨。因为战乱，她逃到了美国。生活起点很低，她就不断地努力奋斗，不断地学技术，到很多地方拜访名师（她之前学的是针灸）。为了一个特长，她不惜跋涉千里去拜访。她为什么功夫这么好、手法这么精准？冯宝兰说是生活所逼。后来每治疗一个人，她都会觉得很快乐。先生说，冯宝兰是生活“倒逼”出来的，是时代“倒逼”出来的。

这个社会的大多数人，既没有富裕的家庭，又没有过硬的背景，却不想奋斗，想躺平。到了中年，没有能力建立“护城河”，同时还得承担赡养父母和抚养子女的义务，压力能不大吗？能不痛苦、抑郁吗？然而很多人不会意识到这一点，他们被手机里、电视上眼花缭乱的物质生活表象迷惑了。对于“50后”“60后”那一代人来说，多生一个孩子无非是多加一双筷子，而现在“90后”“千禧后”中的很多人根本就不敢结婚，不敢承担责任。自由学者王东岳说，这不是生活水平提高了，是生存能力下降了。反观那些从底层拼出来的奋斗者，他们在人生中撞到了“南墙”，他们在生活的“倒逼”中醒悟了，在认知、情感、意志力等三个维度实现了超越。

正如乔布斯在斯坦福大学毕业典礼上的演讲中曾说：“Stay hungry, stay foolish。”假如你现在太舒服了，你或许要调整一下你的“舒适区”，因为安逸的生活让你对新事物丧失了渴望和好奇。奋斗者要保持饥渴的心态，不断追求更高的目标，不畏艰难，保持对生活的热情，这样才能在善终时不留遗憾。假如你现在还在为未来焦虑和担忧，你应该读一读《离骚》《将进酒》，看看古代那些天才和伟人面对困境和挫折时保持了怎样的豁达心态。奋斗者应该相信自己的才华必然能够发挥，化解千金散尽的困境，最终实现“还复来”的辉煌。“千锤万凿出深山，烈火焚烧若等闲。”我们要知道众多英雄奋斗的足迹，构成了波澜壮阔的历史长卷，在民族复兴高扬的主旋律中，我们要成为下半场的真正英雄。

最后，我们讲讲“善终”之福。先生将“善终”的内涵分为孝道和教育。当然，用太极思维解析，我们还可以将它解释为义务和责任、整体与局部、原因和结果，等等。这些都不重要，重要的是能不能重新发现自我，找回那些被我们丢失的本心。先生说，子女的孝心是父母最好的营养。“孝”字是由“老”字省去右下角的“匕”，和“子”字组合而成的会意字。当父母老到变成“老小”，我们的角色发生变化，父母的“养”转换为我们的“孝”。心中无孝，定无善行，你的努力，不会给现在带来什么，也不会给未来存下什么。冷酷的感情是由不爱身边的人开始的，对待亲人没有善良的特质，孝心无从谈起，往外延展，对朋友、对同事也谈不上真感情。同时，我们的孝行也是对下一代最好的教育。这种觉醒由点及面，知行合一，每日精进，就修了善终之福。

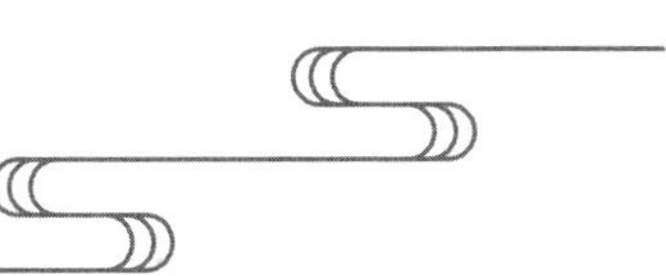

第四章

福之厚泽，得天佑之

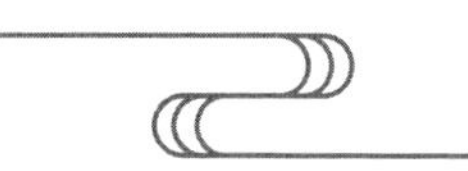

有人问，按照伍福的理念来指导人生，就一定会实现伍福人生吗？这个问题也可以换一种方式来表述，一个修福、惜福的人，就一定会有福报吗？或者说他得到的福报会长久吗？关于这些问题，其实古人早已作了回答。明朝有一位奇人，他写了一本奇书叫作《了凡四训》，他得出的一个结论是：命由己立，福由心生。

《了凡四训》到底讲了什么呢？用现代人的视角来看，它是一本励志宝典。它宣扬的不是成功学，也不是有害的心灵鸡汤，它是一本教育子孙的家训，被后世许多书香门第奉为“传家之宝”。这本书的作者袁黄，号了凡，他在一位算命先生的指点下弃医从文，走上了仕途，后成为明代重要的思想家、实干家，对天文、术数、水利、军政、医药等均有研究，著述颇丰。他可不是纸上谈兵、书生意气,《了凡四训》是他晚年根据自己修心改命的亲身经历和大量生动事例所作的一部训诫子弟的书。100 多年以后，一位叫曾国藩的青年，在看了这本书之后幡然醒悟，并立下大志，坚定了进学的决心，通过不断努力与奋斗，干出了力挽狂澜的惊天伟业。

《了凡四训》分为四个篇章，即立命之学、改过之法、积善之方、谦德之效，融合儒释道三家思想和大量真实生动的事例说明了一个道理，那就是一个人的福报不在前世，也不在来世，而是由现世的自己决定。结合先生对伍福文化的构建，当我们读《了凡四训》时，会发现人生大道、万法归宗。宋自福和袁了凡对性命之学的深刻洞察，都落在了一个“修”字上，那就是“实践”。

“命由己立，福由心生”，其实它的内核就是实践。先生说，

“融太极智慧，修伍福人生”，说的也是实践。感慨自己不能大富大贵的人，往往只有妄念，没有行动。只有斩断妄念，勇于实践，才能提升认知。比如说，做任何事都要以结果为导向，一般人会认为过程比结果更重要。然而，很多人在奔赴结果的过程中会跑偏，甚至偏离初心，从而得出错误的认知。真正取得大成就的人，不会纠结于过程当中的任何困难和挫折，而是会因地制宜、随机调整战术，最终达成想要的结果。袁了凡给了我们一个重要的启示，那就是修什么因，得什么果。这个世界没有什么绝对的真理，也没有人可以成为你的救世主。所谓佛度有缘人，“缘”就是内在智慧的觉醒。我们真正要求的福，就在我们心中。

一、麻绳专从细处断，厄运专挑苦命人？

当你对一个人的所作所为产生感应时，其实就是别人的能量唤醒了你，因此唤醒一个人，其实就是让一个人融入特定的能量场中。

——宋自福 2019 年 9 月 19 日

很多人都遇到过这样的事情，冷不丁有人在微信群里发了一个“水滴筹”的筹款链接，开篇第一句话就是“麻绳专从细处断，厄运专挑苦命人”，说自己的亲人此时此刻正处于生死攸关的突发意外或重大疾病的困境中，家里一贫如洗、债台高筑，迫切需要陌生人捐款。此类的筹款链接，常常带着道德绑架的成分，有些当事人的至亲并未真正竭尽全力，家里可能还有车子、房子没有变卖，却利用别人的同情和善良来筹款。

我们不是反对这样的公益行为，真正善良的人也不会在乎对方是不是真的到了山穷水尽的地步，而真正让我感兴趣的是那句话——麻绳专从细处断，厄运专挑苦命人。这句话用了比喻、对偶的手法，它的真正内涵不是它字面的意思，但被许多人以讹传讹用来卖惨了，以感慨穷苦人的无奈。其实它说的是，危机常常发生在我们疏忽的环节，我们应当未雨绸缪，居安思危，避免遭遇厄运，陷入困境。因此，这句话真正的意义是警示，而不是怨天尤人。将这句话用于筹款文案的人，却传递了一种极其悲观的情绪，你看我都惨成这个样子了，你们还不发发善心？

为什么麻绳专从细处断？这是一个生活常识。我们知道古代的麻绳是由三股绳子扭成一股，方才紧固、结实，不容易被扯断，也意味着团结就是力量。如果麻绳使用时间过长，日积月累肯定会磨损，一旦其中一股或两股绳子断裂了，那剩下的一股就很难再承受超负荷的牵扯力，所以在我们发现麻绳变细时，要尽快替换新的麻绳，而不是熟视无睹，心存侥幸。

厄运就一定是穷苦人的专属吗？其实，也不是。富贵人家也会突发恶疾，也可能遭遇飞来横祸，他们与穷苦人的区别是家有余粮，当他们遭受厄运时，他们的抗风险能力强，不至于走上穷途末路，一筹莫展。古人说，有福伤财，无福伤己。一场大病，对于富贵人家而言，他们能够利用好的医疗资源和条件去逢凶化吉；但对于穷苦人来说，因为没有钱，没有条件，就容易贻误了病情。所以，不幸的遭遇，是富人的小坎儿，是穷人的厄运。

在我们的生活中，有很多人的厄运完全是咎由自取。比如说，要有健康的生活方式、规律的作息时间及良好的饮食习惯，医生反复跟他强调都没用，他完全抛之脑后，等到一病不起的时候才后悔莫及。还有很多人，没有风险防范意识，比如过马路看手机、开车打电话，将自己置于危险的境地。古语说，“君子不立于危墙之下”，这句警训说了几千年，又有多少人真正听进去了呢？再一个就是关于大病医疗，如果在医保、农保之外，经济条件允许时，我们再买一些补充医疗保险或重疾险，就不至于突发恶疾时束手无策。买保险就是未雨绸缪，而很多人不想为还没有发生的事情买单，这是观念的问题，是认知的局限。

我记得以前，公司在招人的时候，一些求职者听说公司交的社保要扣除个人部分的费用，就主动要求公司不要交社保，将社保费用返给他们个人。当然，现在这种情况很少了，但是这里反映了一个问题，那就是他们把金钱看得太重了。他们认为：未来是个什么鬼，没有想过，我现在身体好着呢，等到未来生病再说。我的先生说，保险就是保福。我们买财产保险、意外保险、大病保险等，不是期待它发生效用，其实买的是“不发生”。一辈子用不上医疗保险，说明我们一生健康，这何尝不是人间最大的福气？所以说，保险是降低损失、转移风险的手段，而不是目的。

此外，关于长寿的福报，许多人会有这样的疑问，为什么有的人为人善良，却在年纪轻轻时就突发恶疾，英年早逝了呢？而有些为恶之人，似乎身强体健，过得不错呢？正如《寒窑赋》的作者所发出的感叹："颜渊命短，殊非凶恶之徒；盗跖年长，岂是善良之辈。"在现实生活中，确实存在许多这样的现象，这可能会引发我们对生活公平性的质疑。但这是一个复杂的问题，我们不能简单将它归于道德修养的问题，它涉及了个人选择、社会环境、偶发因素，等等。有时候，在我们认知里的善良的人并不意味着不会遭遇挫折和不幸，但这并不能说明善良、道德没有价值。

一个人要想长寿，除了个人的努力，还与天道有关，有时候需要获得天道的护佑才能获得长寿的福报。我们该如何理解天道呢？到底有没有老天爷？所谓的老天爷，只是中国人传统观念中人格化的神祇。它是人们虚构出来的，将许多超出人类理解范围的不可思议的现象简单归结为是老天爷操控的。老子说，天地不仁以万物为刍狗。老子很早就认识到，天地没有仁义道德的观念，人类和世界万物就像草狗一样。那我们人该怎么办？老子说，人法地、地法天、天法道、道法自然。这里的"法"就是效法的意思，老子指出人效法地的规律来行事，地遵循天的规律来运转，天遵循宇宙的规律，道就是自然法则，是客观规律，不以人的意志为转移。一个健康的人，如果遇到天灾或战争，他也可能早夭；一个体质差的人，如果追求健康的生活方式，尽量避开那些危险的境地，他也可能长命百岁。所以，我们的先贤讲"天人合一"，就是认为人应该与自然同行，不要违背自然规律，注意精神修养，才能超脱生死。

二、心软穷半生，财发狠人心？

谷子没有被挤压就脱不了壳，成不了谷粒，人没有竞争、没有压力就不会打破原有格局，脱颖而出。

——宋自福 2021 年 5 月 10 日

俗话说，“心软穷半生，财发狠人心”。每每发出这声感叹的时候，我们都会片面地认为心地善良是导致自己贫穷的根本原因，而那些快速致富的人是因为心狠手辣。实际上，这是一个误解。“心软”在这句话中，并非指“善良”，而是优柔寡断、畏首畏尾的意思。与之对应的“狠人心”，也不是“心狠手辣”的意思，而是果敢坚决的决断力、执行力和意志力。

自古以来，富与贵是人人渴求的，但是人人都能得“富贵”吗？实际上这是不可能的，因为社会总财富是有限的。尽管我们的老祖宗很早就提出“均贫富”的理念，但当人类产生了私有财产的概念，产生了阶级的观念，社会财富在分配上就是此消彼长的。这是客观事实，不以人的意志为转移。不过，自从人类进入工业文明时代以来，特别是信息革命之后，和平与发展是人类文明的主题。在一个稳定、繁荣的社会环境中，随着科技的发展、技术的迭代，每个人都可能有成为财富新贵的机会。尽管对每个人来说不一定都站在同一起跑线上，但确实因际遇、信息和自我奋斗等因素，普通人也存在大量改变个人和家族命运的机会。

这样的案例不可胜数，我们不用去怀疑。相对于40年之前，中国人现今的生活水平已经大大提高，以前不敢想象的小汽车，现在即便在农村也快普及了。中国人也不是没有房子住，而是人们无法随心所欲地选择居住的地方和生活品质。为什么大多数人还是觉得自己不够富裕呢？是因为他们想过更好的生活，对外在物质条件的依赖性更强，期望值自然也更高了。这才是大多数人渴望成为人生赢家而不得的痛苦的根源。

人类对财富的争夺，从总量的分配上来说，是一种零和博弈。那就是有的人赚钱多了，有的人赚钱就少了，而赚钱多的人又可以利用财富做杠杆，去做固定资产的配置，去做投资理财的配置，去做重大风险的管控，从而导致强者恒强，弱者恒弱。虽然社会财富的流向会呈两极分化的走向，但是别忘了社会总财富的蛋糕是可以不断做大的。而在这个过程中，会涌现很多因技术变革或某种技术的普及而带来很多创富的机会。在很大程度上，这是财富的再分配。只要我们积极抓住这些重大的机会，虽然不是每个人都能成就一番事业，但至少可以过上更好的生活。

比如说，自从中国加入WTO之后，中国的外贸量大幅提升，许多外商都是拿着一包一包的现金过来交易，用我朋友的话来说，那是傻子也能发财的时代。再比如，随着电商、短视频的崛起，很多普普通通的人在时代的风口上也赚到了钱。不是他们能力有多强，而是正好赶上了风口。许多人那时要么在工厂打螺丝，要么在写字楼里当白领，大家或多或少都听说身边有人发了财，而那个人为什么不是自己？自己的能力比他们差吗？不是的，那些发了财的人可能学历还不如你。问题的关键在哪里？是思维惯性、路径依赖，你不敢抛弃每个月能到手的稳定薪水，去做一个在你看来存在许多不确定性的生意。反倒是那些别无所长、找不到工作的人，迫不得已在新的业态里闯出了一番天地。

回到问题本身，我们如何理解“心软穷半生，财发狠人心”这句话？所谓狠，就是要从思考开始，洗涤内心的妄念，战胜贪嗔痴。也就是说，我们应当先破再立。破的是我们的认知、观念、习性，立的是我们的思维、见识、格局。我们都听过“小农意识”，它跟市场经济是不兼容的。改革开放之前，中国有 8 亿农民。经过 40 多年的城市化进程，中国真正还在务农的人员不足 1.7 亿，绝大多数的农民都以“农民工”的身份，参与了城市化的建设。在古代，无论是自耕农，还是佃农，一辈子被束缚在土地上，他们脑子里是没有国家概念的，心里想的就是老婆孩子热炕头，过的是勤劳却不高产的自给自足的生活。土地是唯一的生产资料，他们知道春天耕种，到了秋天就会有收获，并不会有长远的规划。所以，小农意识最大的问题就是狭隘，目光、认知、气量都是狭隘的。狭隘会导致顽固、偏执、贪婪、麻木、自私、嫉妒、懦弱、双标，等等，许多人过上了城市生活，但他们的脑袋还是“农民”的。他们容易将简单的问题复杂化，比如容易受到阴谋论的蛊惑，也容易将复杂的问题简单化，比如看到身边人致富了，嫉妒心理作祟，会认为别人的财富来路不正。

一言以蔽之，小农意识就是普通人成功路上的绊脚石。从小物质匮乏、眼界狭隘，会导致内心极度自卑，而取得一点点小成功时，又会急不可耐地去炫富，表现得不可一世。“心软穷半生”就是小农意识外化的表现，而“财发狠人心”就是去斩断小农意识的决心。袁了凡终其一生通过《了凡四训》悟出来了一个道理，也就是《诗经》中所讲的“永言配命，自求多福”。云谷禅师告诉袁了凡，你要求什么福，就要修相配的认知和能力。勤劳可以让你获得一定的回报，但并不保证你可以获得泼天富贵。宋先生经常说的一句话是：许多人习惯用手脚的勤奋掩盖大脑的懒惰。如果我们不能斩断小农意识，从信念、意识、心法上做到“心悦诚服”，不能从内心接受现代商业文明，那么在追求富贵的路上终将徒劳无功。

三、好人没好报，坏人多善终？

找一个理由让好人聚在一起，用行动证明你是一个好人……伍福的“好德”就是把好人聚在一起，持久、不断地去做一件事情。

——宋自福 2018 年 5 月 28 日

在生活中，很多善良的人，常常有这样的疑问：为什么好人没好报，坏人却活得很好？类似的话还有“好人不长命，祸害遗千年”。

这其实是一种误解，并不是普遍现象。好人长命百岁的例子比比皆是，现世报的坏人也多了去了。在心理学上有个词叫“心理投射”，说的是你心中想的是什么，你看到的就是什么。当你觉得“好人没好报，坏人活千年”的时候，那就是一种刻板印象，并不是事物真实的状态。孕妇总是更容易发现孕妇，当你开奔驰车的时候，你会发现路上到处是奔驰车，这叫“孕妇效应”。人们的关注点，往往是内心的投射。

国外有学者做过调研，他们发现那些长寿的人，有一个共同的特征，那就是心地善良、乐于助人。从心理学角度来看，乐于助人、热情好客，是一种利他行为，更容易激发别人的感激之情，这是一种良好的社交关系构建。这样的人从利他行为中获得了内心温暖，大大缓解了日常的焦虑。而且，经常行善还有益于人体免疫系统。我们去观察那些大德高僧，他们也都普遍长寿且善终。

人们常说，善有善报，恶有恶报，不是不报，时候未到！这句话里，隐藏了一个宇宙规则，那就是天理昭昭，报应不爽。所谓天知、地知、你知、我知，我们做的每一件事，都在天理的照耀下，无法隐藏。无论人们的行为是善是恶，都会在宇宙的公正规律下得到相应的回报。这种回报可能是即时的，也可能出现在未来，但它一定是存在的。“天理昭昭，人心灼灼。”历史上的司马懿家族通过狡诈的手段篡位夺权，甚至当街杀害皇帝，破坏了世族政治的基本底线，他们的阴谋诡计也被后人效仿，最终遭受权力游戏的反噬，导致五服之内整个司马家族被斩尽杀绝。

值得注意的是，这个“天理”，不以人的意志为转移。这背后的原因就是，好与坏，善与恶，不是由我们主观的是非、道德观念来决定的。每个人都是有立场的，他对一个人是好德还是缺德的判断不一定客观，好与坏由天理来裁判。古人说，“天将厚其福而报之”。西方也有类似的观点，莎士比亚的《麦克白》中有一句话：“Those whom God wishes to destroy, he first makes mad。”意思是说天欲其亡，必令其狂。这两句话表达的意思是：一个人作恶，短期没有遭报应，是因为他的福气还没有被消耗完。如果他还不知道收敛，反而变本加厉，就会加速福气的消耗，等到他把坏事做尽，相应的报应也就来了。

那么，为什么我们还经常听到别人说好人没好报呢？这是因为很多人看待好人的标准是片面的，好心也可能办坏事。在生活中，有一种“老好人”容易惹祸上身，这是为什么呢？因为他的好，是一种没有原则的好，他不懂得拒绝，总想不得罪所有人，结果却是得罪了所有人。他的善纵容了别人的恶，最终也可能会伤害自己。

上天是很公正的，但公正不等于公平。老天给好人机会，也给坏人机会，这才是天理。每个人来到这个世界上，最初没有好坏之分。但是环境不同、资源不同，会对人造成不同的影响，从而催生了善恶，分出了好坏。比如历史上的游牧民族，他们南下抢掠，对中原人来说，他们是强盗，而当他们带回战利品，他们又是部落的英雄。当他们发现抢掠比放牧更划算时，却没有注意到中原人已做好了战斗准备，等到他们再次犯边时，可能有去无回。一个人如果总是把别人当傻子，这是不符合天理的。善恶虽然都有其滋生的土壤，但是每个人都有发自本心、朴素的善良和正义，每个人都可以决定自己是当好人，还是当坏人。如果人类世界只有弱肉强食的丛林法则，那么人类就不可能创造文明，早就自取灭亡了。

我们还必须认识到事物的一体两面，坏人是好人培养出来的。社会学中有一个现象，我们称之为“旁观者效应”，说的是当一个人在户外被侵害时，屋里的人看到以后都认为别人会去帮忙，结果没有一个人开门去阻止。这种期待他人见义勇为的心理，最终酿成的恶果是，当他自己被侵害时，也不会有任何人施以援手。生活中类似的现象不胜枚举。

所以，没有无辜的旁观者。许多人不会知道，好人对坏人负有道义上的责任，好人的无情间接纵容了坏人的恶行。好人的善良常常写在脸上，坏人从来不会说自己就是坏人。当一个坏人暴露时，可能他早就铺垫了很长时间，我们因为自己的疏忽，让坏人有了生存的空间。我们不要低估了人性的复杂，不是所有有利的条件都在好人这边。好人的善良不能泛滥，好人要加强自身的修为去甄别坏人，同时要建立“防火墙”，不让自己被坏人所害。我们要知道，好人、坏人没有绝对标准，好人也会办坏事，坏人也会制造善因。真正的好与坏，都在我们的心中，积德行善与为非作歹，往往都是一念之间。

我曾经向一位大德请教过，为什么佛家对大恶人说，放下屠刀，立地成佛？如果他为了逃避惩罚，假装悔过，怎么办？普通人不理解，觉得佛太不公平了，这实在违背了我们对正义的认知，怎么可以轻易放过恶人？大德的意思是佛不是好人，也不是坏人，而是善与恶的纠缠态。恶人手拿屠刀，必然是做了不少坏事，而他现在又准备做坏事，在那一念之间，他放下屠刀，不再做坏事，那就成佛了，避免了更大的伤害。这不是说坏人就有好报了，他是否善终，还要看他的因缘。所以，成佛不等于说就成了好人，这一点是我们需要明白的。佛有菩萨心肠，也有金刚之怒。不是屠刀有罪，罪在人心。

道德从来都是自我的修行，而非对他人的规训。老子说，天道无亲，常与善人。老天不会特别照顾谁，但是常常会眷顾善于思考、遵循天理的人。好德之人，其实就是不争。所谓不争，不是滥好人、不抗争，而是他知道“命里有时终须有，命里无时莫强求”，不贪图那些非分之福。爱出者爱返，福往者福来，提升自我修养，完善自己的品格，我们才能成为受人尊敬的有福之人。

四、穷通夭寿，皆有定数？

比教育更重要的是唤醒。唤醒人们的明辨是非的能力、悲悯心肠以及感恩情怀。

——宋自福 2019 年 10 月 10 日

一个人的命运，是否天注定？复旦大学哲学系教授王德峰曾经有一番话在网上引发了热议：人到了40岁还不信命，说明此人悟性太差。此言一出，众说纷纭，年轻人，不置可否；中年人，恍然大悟。很多人只记住了这句话，认为命运是有枷锁的，人就像困在了无形的牢笼之中，只能任由命运摆布。然而，王德峰的话并没有说完，他补充说：“只有确认我们有命运之后，才能有真正积极的人生观。”

孔子说，“三十而立，四十而不惑，五十而知天命……”儒家倡导的是一种积极的、入世的生命哲学。我们普遍认为，一个人到了三十岁，应该学业有成或事业有成，但这只是孔子的第一层意思，结合他说的“四十不惑”，他想表达的是我们到了三十岁应该确立自己的志向，并为之去奋斗，这样到了四十岁，无论是学业或事业的建树，还是社会的阅历、人生的经验、人脉的积累，都有了深厚的基础，我们就不会为人生感到迷惑了。所谓五十而知天命，就是洞悉了人生的使命，我们有所为，有所不为。

读懂了孔子，我们再来看王德峰说的命是什么。命是先天注定的，是我们自己没法改变的东西，如果不及早认识到这一点，我们所谓的拼搏和奋斗，就会变成一种精神内耗，在顺境中觉得自己无所不能，在逆境中感慨命运弄人。所谓“命”，就是我们的出身，我们与生俱来的东西，比如父母、家庭、身体、资质等，这些是我们没法选择的。我们的父母是农民，还是公务员，我们的家庭是穷还是富，身体是健康还是残疾，人长得是美还是丑，我们是能文还是能武，这些“出厂模式”我们是没法靠自己改变的，因此我们需要“乐天知命”。

《水浒传》的作者施耐庵曾说过这样一段话：“母弱出商贾，父强做侍郎；族望留原籍，家贫走他乡。”这段话是什么意思？它就是根据我们的出身，为我们规划的人生指南。如果我们的家庭条件不好，那改变命运最好的方式就是经商，因为这样才有机会创造财富，为我们的下一代创造有利的条件。如果我们的父母是公务员，那最好的方式还是考公，因为他们的经验和智慧可以指导我们在仕途上走得更远。如果家族在原籍有较高的声望，这些家族有利的条件都可以为己所用，留在原籍发展要强于去外面拼搏。如果家里很贫穷，家族也帮不到什么，那改变命运的最好方式是去外面闯荡。本来就一无所有，也不必在乎面子、里子，在他乡拼搏虽然不一定成功，但人生充满不确定性，因为风云际会，还可能闯出一片天地。

俗语说：“三十不荣，四十不富，五十将相寻死路。”很多人态度强硬，死活不承认这个道理。我们如果对自己的命，没有一个深刻的认识，那一辈子就像无头苍蝇，浑浑噩噩，等到老了的时候，蓦然回首，感慨造化弄人。一只脚都埋进黄土了，悔恨有什么意义呢？有人说，生命本身没有意义。从宇宙的宏观视角来看，个体生命确实是渺小的，不免令人悲观。但我们是否想过，我们生而为人，来到这个世界，又何其幸运？生命固然没有意义，但我们每个人都可以为自己的生命赋予意义。

我们认识命运，其实要拆开来看，一个人的命，即他的先天条件是注定的，但是一个人的运，是变化无常的，我们可以争取和创造有利的后天条件，从而改变自己的命运。古代的命理大师也承认这一点。故而，那些成功的人心态一定是积极的、乐观的、豁达的。这不是一种故作镇定的人生观，而需要发自本心，从根本上认识到“天道难酬，其命不常，定数会变，而非恒长”。我们的付出和努力并非一定会得到公平、公正的回报，但如果被强烈的“功利心”束缚，只会徒增烦恼。我们应当理解和接纳生活的不确定性和变化，即使暂时没有得到理想的结果，也不要放弃自己的信念和努力。

《了凡四训》正面回答了中国人最关心的两个问题，一是如何安身立命，二是如何获取功名利禄。这两个问题其实是一个问题，我们如何改变自己的命运？袁了凡通过回忆自己和云谷禅师的对话，引出一个论断：命由我作，福自己求。意思是，一个人的命和福包括先天和后天两个方面，先天是指父母给的，不可随意改变；后天是指事在人为，因时、因势而变，存在不确定性。云谷禅师说，佛家的观点是有求必应，佛陀从来不会欺骗世人。袁了凡以怀疑的态度请教说，我们可以向内学习圣人的仁义道德，怎么可能向外求得功名富贵呢？云谷禅师援引六祖慧能的话说：“一切福田，不离方寸；从心而觅，感无不通。”他接着解释道，种福种祸，全在我们内心，心外无福，不只是仁义道德，就连功名利禄都在我们心中，这叫内外双得。换句话说，为了种福田，而求仁、求义、求福禄，没有不灵验的。

可以说，凡是读懂了《了凡四训》的人，一定会颠覆自己的认知。先生曾就国家经济策略的“内循环”一词探讨过，将“内循环”放在个体的身上也适用，向内求才是解决外在问题的根本，他说："任何通过改变外部环境来改变自己幸福状态的想法都是不切实际的。"这也是《了凡四训》所讲的"反躬自省"。只有斩断不切实际的妄念，每天都去修正自己的一言一行，我们才能理解孟子所说的"求之有道，得之有命"。不要觉得麻烦，君子自强不息，每天都给自己做复盘，每天都改正一点点，日积月累那就不是一点点，而是别人难以逾越的鸿沟。

穷通夭寿，皆有定数？《了凡四训》给出的答案是，普通人的命运是注定的，只有极善和极恶之人，他们的命运是不确定的。普通人的问题出在哪里？一是习惯于听天由命、随波逐流；二是命途不顺时，习惯于向外求，不是怨家庭、怨社会、怨时代，就是求神拜佛，算命看风水。袁了凡不是用家长式的说教口吻，告诉子孙后辈自求多福、积德行善的意义，这也实在没有什么新意，他是通过自身的经历和实践的结果，娓娓道出他通过自我修行、自我奋斗改变自身命运的道理。我们想要逃脱普通人的命运，那就要让自己变成一个纯粹的人。云谷禅师说，一个极善的人，他的命运是没有定数的，因为他善到纯粹。类推下去，在一个领域足够专注与坚持，努力到纯粹的人，甚至不能说是努力，而是一种使命，那么他在这个领域一定能够取得非凡的成就，他的命运自然非同寻常。

不过，命运是一个很复杂的问题，对此，中西方有不同的认识，取决于个人的哲学观、宗教信仰和生活经验。一些人可能相信命运是注定的，而另一些人可能相信通过努力可以改变自己的命运。随着年龄的增长和生活经验的积累，我们会逐渐意识到生命中存在某些不可控制的因素，从而学会接受命运的某些安排，同时也认识到自己行动的重要性。换句话说，我们可以不盲目地“信命”，而需要认识到命运和自己努力之间的复杂关系。每个人都可以在生活的实践中，寻找自己的答案。

五、福不唐捐，留余忌尽

> 福报是需要积累的。当我们在不断成长的过程中，就会得到经验的积累、能力的积累、财富的积累以及人脉的积累。
>
> ——宋自福 2016 年 8 月 20 日

说了这么多，读者朋友们应该会感觉到，我们尽量在避免一个词，那就是“说教”。人们为什么会讨厌说教？心理学上有一个术语叫“课题干涉”，其背后是一种权力操作的逻辑。无论我们对他人是批评，还是表扬，我们或有意识，或无意识，进入一种操作的权力位阶关系中，就希望对方按照自己的意志来执行。所以，当我们处于一种被操作的不对等关系中，我们会感到浑身不自在，但又说不上缘由。

在先生身边，我深有体会，他从不会轻易批评一个人，也不会刻意表扬一个人。即便是上下级关系，面对下属吐露的生活烦恼和人生迷惑，他不会告诉你应该做什么，不应该做什么，而是循循善诱，引导你去发现自己的目标，建立起发自本心的自信和勇气。其实，很多时候，我们并不是缺少解决某些问题的能力，而是缺少直面问题的勇气。就像有些孩子，不是他们做不好自己的作业，而是他们觉得作业多、压力大，他们需要的是鼓励，而不是干涉。如果我们不自觉地要求孩子按照我们的意志来学习，孩子就会心生恐惧，一旦孩子不能达到我们的期望，这种操作他人的权力欲反而会遭到反噬。很多父母没有意识到这个问题，我们在手机上经常能看到那种亲子教育陷入恶性循环的视频。那些暴跳如雷，甚至把自己气到吐血的宝妈，也可以反思一下自己的问题。

批评和表扬，都不是发掘一个人潜力的最好办法。先生对伍福文化的构建及其反复论述和不断重构，其本质就是一种鼓励教育。对于人生的课题，我们需要用一生去研究。而人有的时候又是短视的，拒绝思考的，所以总是研究不透。我也许能够知道明天、后天自己可以做什么，但想不到三五年之后是什么局面。先生曾说，用心走的路，每一步都算数，用心积的福，每一福都是善终。如果你不想对长远目标进行思考，那么做好眼前的事，走好脚下的路，未来也会清晰美好。

《法华经》里讲到一个词，就是“福不唐捐”。“唐”是古代白话“空”的意思，“福不唐捐”就是行善积福不会让你白费功夫。对照我们的生活，也就是说没有努力是白费的。《法华经》是佛陀与观世音菩萨论法的经书，可以说是佛家的一本密经，它像王冠上的宝珠，不轻易示人。俗语说，“法不轻传，道不贱卖；师不顺路，医不叩门；香不白烧，经不空念”。《法华经》告诉信众：在观世音菩萨面前，种下一点点善因，哪怕仅仅是低头、合十、祈福，都不会“唐捐”，因果一定不会让我们的功德流失。其实，这是很朴素的人生智慧，无论是生活中行善积福，还是在学习与工作中，要想取得成就，都在于平时一点一滴的积累，而不是临时抱佛脚。

先生曾说，越是高手，越是低调，越懂得“藏”的内涵，不慕虚荣，不张扬，追求善终。《朱子家训》有言：凡事当留余地，得意不宜再往。先生说的“藏”的智慧，正是儒家的修身法则。我在读楼宇烈教授的《做中国人》一书时，也深以为然。他讲到南宋时期的士人王伯大（号留耕道人）晚年写的《四留铭》，现已成为福建宁德市的人文精神。《四留铭》的原话是：留有余，不尽之巧以还造化；留有余，不尽之禄以还朝廷；留有余，不尽之财以还百姓；留有余，不尽之福以还子孙。他这段话，对于今天的人们，具有非常重要的启示意义。简而言之，可以概括为留余忌尽。人类不乏能工巧匠，但向自然索取要留有余地；公职人员不要过度耗费国家财政；国家不要对百姓横征暴敛；上一代要给子孙后代留福，不要享尽了。他的核心意思说的就是一个“度”。福不能享尽，事不能做绝，这也是中国处世哲学一个根本性的观念。人类对大自然的改造，国家对社会的治理，大企业对市场的垄断，以及我们对子孙后代生存资源的占有，等等，都要留有余地。单纯从字面意思上去较真没有意义，我们可以从中汲取精华，借鉴它的理念，改造我们的思维，指导我们的行为，方能体会中国人安身立命的智慧。

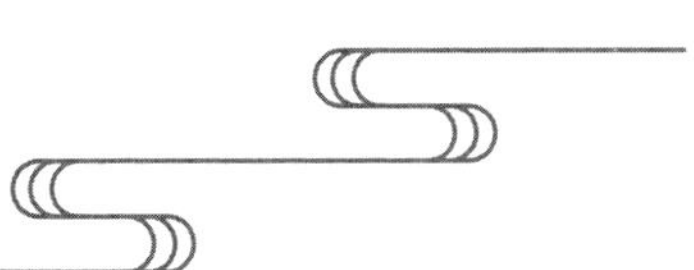

第五章

伍福文化，时代回响

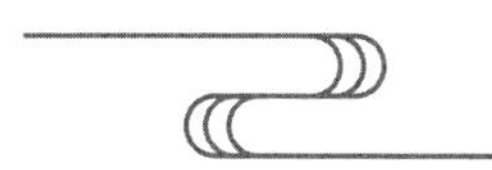

从箕子“五福”的开端与流传，到宋自福“伍福”思想的传承与发展，我们仿佛进行了一场时空之旅，聆听中华福文化的悠悠古韵，追寻一种关于幸福、和谐、圆满的人生智慧。相比于箕子借助《洪范》对五福的最初阐释，先生构建的伍福文化体系已然超越了传统的五福概念，其创新价值体现在以下三个方面：

首先，伍福文化对于组织建设具有文化引领的价值。先生强调了文化对于人才建设、企业创新的重要性，伍福文化可以作为企业文化构建的底层代码，在企业使命、经营理念、价值观等层面赋能，激发组织的潜能和创新力。先生说，初心在于唤醒人心，有志者事竟成。他特别喜欢“志”字，他说真正的奋斗志士，全凭一个“心”字。他强调团队需要有心人，才能汇聚力量。这意味着伍福文化鼓励构建有共同理念和目标的团队，融聚奋斗志士，形成强大的合力，共享成功的喜悦。

其次，伍福文化是共襄经济的重要链接，强调人需要联结更多奋斗者，形成共识，帮助创业者身企同治。传统观念中，雇主和雇员存在天然的阶级对立，企业与企业之间存在市场竞争，伍福文化对此作出了反思，认为追求经济利益和提升道德情操并不冲突。先生指出，共襄经济就是贵人经济。人类通过协作推动文明的进步，人类依靠相互成就创造财富，伍福文化让我们重新认识了贵人相助的内涵，引导企业家通过文化疏通价值观的隔阂，广泛联结，共襄愿景，化解矛盾，避免内耗，合力建设一种“心商业文明”，善用彼此优势资源，创造共同利益。

最后，伍福文化通过角色认知引导人们去做有价值的事业，为自己积福、为后人造福。伍福文化强调形成一个包括命运共同体、价值共同体和奋斗共同体在内的社会认知。这种认知使个体在追求梦想的同时，考虑自身如何与社会、家庭的未来联系起来。伍福文化有利于我们树立社会责任感，秉持家国情怀，使个体具有更远大的愿景，着眼于未来的发展。

可以说，伍福文化给新质生产力的提升提供了一种思考维度，通过文化引领、链接经济、角色认知等方面的作用，为当代社会的高质量发展注入了新的思想和智慧。与此同时，伍福文化对个体生活、经济关系和社会建设也可以产生全新的影响。从某种程度上来说，每个身处大变局激流中的人都可以发出他的时代回响。让我们从宋自福先生伍福文化理念的萌芽、情怀、实践、奋斗共识及未来畅想等五个方面，深入了解他对新时代的思考和注脚。

一、生命价值的顶层设计，人生智慧的深层唤醒——思想萌芽

伍福文化是属于中国人的价值观，是中国人最深层的精神唤醒，但是世人大多不了解伍福文化，我们传播伍福文化任重而道远。要完成这一使命，我们首先要做的就是认识伍福文化在传统文化中的位置，这样我们才能清晰地看到我们

所处的环境，我们和世人之间的距离。

——宋自福 2012 年 5 月 10 日

先生在世的时候，他的同学、同事、朋友跟我说，先生每每跟他们谈论，话题总是超出了他们的生活经验范畴，他对那些前沿的科学理论非常感兴趣。他谈论的话题涉及生物学、物理学、社会学、心理学，等等，很多稀奇古怪的专业名字，让他身边的人闻所未闻，以至于他被当作一个异类。

后来，与先生接触时间久了，我逐渐理解了他。他独特的兴趣点，有些是与生俱来的，有些是后天培养的。我在网上看到一位设计师，他从来不教女儿画画，但他总是鼓励女儿涂鸦。然后他偷偷观察女儿画画，在常人看来小孩子的作品毫无逻辑，但他却看到了自己难以触及的想象力。于是他就从女儿的涂鸦作品中获取灵感，为甲方设计了一幅又一幅极具创意和备受称赞的作品。

我觉得先生也是如此，虽然他并不年轻，但他的想象力依然保持着天性。他对吃穿用度不太讲究，而对这个时代每年都在出现的新鲜事物和时髦技术，却具有极大的热情。可以说，探索和领略人类在意识、知识等层面的新发现、新成果，就是他与生俱来的特质。

从额叶开发到创康新概念，从膳食革命到脑内革命，这些概念在他还在当医生的时候，是很多同事不会涉及的领域，却在他的脑内生根发芽。他觉得人的大脑太神奇了，说它是上帝馈赠的礼物也不为过，正是它让人类爆发了惊人的创造力，缔造了璀璨的文明。我想，这也是他痴迷于文化的原因，这种痴迷引导着他从传统文化宝库中拾起和改造被我们疏忽的“伍福文化”。

额叶开发

在人类进化的漫长历程中，不仅耸立着智慧的丰碑，也回响着悲凉的挽歌。当我们谈及生命的价值、人生的意义时，往往会流于虚无。如果以宏观视角来看，人类的文明史，相比于拥有45亿年历史的地球，不过是弹指一瞬。而人类所生存的地球家园，相对于宇宙来说，不过是“悬浮在阳光中的一粒尘埃”，美国天文学家卡尔·萨根这番话，让我们感受到人类的渺小和微不足道。

从生命的进化角度来看，个体是没有意义的，人类种群的延续才是生命不断繁殖的意义所在。但从微观视角来看，每个人如何高质量地活着就是生命的价值所在。在漫长的人类史上，人类大脑的额叶似乎受到了一种神秘能量的启迪，在生物本能之上演化出一种虚构故事的能力，触及了其他动物没有的精神领地，从而催生了文明的火种。从此，人类除了吃饱、穿暖、延续后代，还构建了丰富多彩的精神文明。先生说，“创造”是人类永恒的使命，我们只有尽可能理解人类发展的本质，立足于人类的长远利益，才能对个体的生命价值进行顶层设计。

生命的价值是什么？从地中海文明到古巴比伦的两河流域，从印度恒河到黄河文明，古往今来的先哲贤达在他们的认知领域和时代局限当中给予了最高智识的回答，但都没有一个标准格式的答案。先生博览群书，学贯古今，他从学生时代就对西方哲学、中国哲学，以及当今前沿的社科理论保持着极大的热情和兴趣。先生在他的从医生涯早期，对当代疾病与健康的问题，以及医患关系作了深刻反思。这也是他后来独辟蹊径发掘出伍福文化瑰宝的思想萌芽。

先生从河南医科大学毕业后，被分配至平顶山矿务局总医院（现中国平煤神马集团总医院），从基层医生做起，历任住院医师、主治医师、（副）主任医师、分院院长。20 世纪 90 年代末，任河南省现代医学研究院业务院长；2000 年初至 2004 年任国家中医药管理局科技中心医药资讯部主任，从事名老中医经验传承、中医药成果的推广和评审等工作；2004 年离开医院体系之后，一直深耕伍福文化。

与先生认识之初，我也问过他为何想到要做伍福文化传播的事业。其实，这个问题，也是很多与他交流的文化名人、老红军前辈和知名企业家经常问到的问题。先生也曾多次在不同的场合说过他研究伍福文化的心路历程。这要从他在平煤总医院当大夫时说起，那时候的他奋斗在医院一线，经常要值夜、巡床，他喜欢跟病人及家属聊家长里短。先生学的虽然是西医，但是对于中医理论与实践，一直坚持学习和研究，尤其认可《黄帝内经》对中医的影响。他特别喜欢中医望闻问切的诊断方法，他认为对症下药固然重要，但是发病的起因可能非常复杂，只有深入了解病人的生活、家庭、认知、情感、行为等多方面信息，才能提出适合病人的治疗方案。

随着时间的推移，先生逐渐发现，那些罹患重疾、住院治疗的人，虽然病因多种多样，但归纳起来主要是以下几种情况：先天遗传、意外事故、环境因素、病原体感染、营养缺乏、衰老退化、生活方式、心理压力（如生活压力、职场危机、诉讼纠纷、贪小失大、大失所望）以及家庭矛盾（如亲子教育、婆媳矛盾、夫妻不睦、兄弟不和、赡养父母等），等等。一些疾病能得到有效治疗，但还有许多病治标不治本，它们大多是心理、情绪的重大波动引发的。这些问题通常是因为人们在追求某些东西时未能如愿，或因突然失去某些重要事物而导致的，就像身体在缺乏基本营养或微量元素流失后会出现不平衡，从而导致生病。

许多人，在遭遇重疾和厄运的时候，才会思考人这一辈子究竟在追求什么，害怕失去什么。每逢佳节，人们总是向亲朋好友送上美好的祝福，这些祝福是否正是人们一生所追求的目标呢？特别是在春节期间，人们最常听到的祝福语便是“五福临门”。然而，当被问到“五福”具体指的是什么时，许多人却答不上来。先生查阅资料发现，“五福”这一概念已有三千多年的历史，其内涵深厚、意义重大，以至于没有哪位学富五车、满腹经纶的学者能够替换其中任何一福。

身体的疾病尚且可以通过药物治疗来缓解，那么精神上的问题又该如何解决呢？先生认为很多中国人缺少精神依托，内心不强大，以至于很难处理世俗生活中的种种矛盾和困扰。在这里，文化的力量显得尤为重要。中国人几千年的文化积淀，正是我们最好的精神食粮，而很多人却只知道向外求，不知道我们的传统文化中蕴藏着疗愈心灵的良方。先生通过深入研究伍福的文化内涵，终其一生致力于伍福文化的传播，就是希望帮助我们实现精神的唤醒，从而造福整个社会。

精神层面的唤醒属于人类大脑高级功能的开发。当代脑科学研究发现，额叶（frontal lobe）位于大脑前半部的顶叶前方和颞叶上方，是人类大脑中最大的部分，承担着多种重要的功能，涉及高级认知、情绪和行为控制、运动协调、语言表达、记忆、自我意识、创造力、时间管理和社会认知等多个方面。

先生说，随着人类对外层空间和微观世界的探索不断深入，额叶的开发被认为是开启人类顶级智慧宝库的关键。比如额叶开发与长寿的关系：通过激发大脑潜能，提升认知能力和心理健康，人们可以更好地管理情绪，减少压力，对身体健康产生积极影响，进而延年益寿。冥想、禅坐都是通过思考、内省、自观的方式进行额叶开发，增强人的决策能力、创造力和解决问题的能力，以及帮助我们更好地调节情绪和行为。先生认为，额叶开发不仅是现代智慧养生的重要组成部分，更是与伍福理念相辅相成的实践，人们可以在追求长寿、富贵、康宁、好德和善终的过程中，获得全面的提升和发展，实现精神和物质的双丰收。

创康新概念

近 20 年的从医生涯中，先生对疾病与健康的关系做了大量的调研，这成为他后来构建伍福文化时对长寿观念及康养理念进行深度思考的起点。先生的观点是，疾病与健康并非一对相互排斥的概念。先生曾在他发表的《疾病健康新模式》一文中非常深刻地阐释：人除了拥有一套新陈代谢的调节模式，还有一套可靠的检索模式。它能够根据环境变化迅速检索到适应该变化所需的新调节模式。

基于此，我们可以把疾病和健康理解为身体检索模式外化的结果。如果检索出的调节模式能可靠地适应新环境，则是健康的；如果检索出的调节模式不能适应新环境，则是患病的。如果检索模式能够高效地检索出非患病调节模式，则检索模式是健康的；如果检索模式的工作效率很低，并且检索出的调节模式常常不能可靠地适应新环境，则检索模式是非健康的。先生这一观点极具颠覆性，是生物医学没有触及的领域，他为此提出了“创康”的概念，这是他后来思考长寿福并建立疾病健康与非病健康理念的基石。

他对当代医患关系冷漠症进行了深刻的反思，他说“医生是病人的希望”，医生的态度和关怀对病人来说就是疗效，但现状是过度治疗泛滥成灾。另外，医患矛盾时有发生，也让部分医生不敢承担责任，在治疗方案上趋于保守，不求有功，但求无过。

他认为，无论是医生，还是病人，都需要重塑认知，树立新的疾病观、健康观。这种涉及生物医学、生命科学、心理学、社会学等跨学科的思考模式，在先生从医的那个年代无疑是超前的，它无异于一场社会实验。先生怀着一腔热情和抱负，却受限于各种条条框框，他不得不思考到更广阔的天地去实践他的理念。后来，他离开平顶山到郑州创业，再从郑州到北京从事名老中医经验传承、中医药成果的推广工作，他发现相比于救死扶伤，拯救人们日益枯竭的心灵更为重要。

从膳食革命到脑内革命

20 年前先生说，健康的身体离不开物质营养，中国的每个家庭都需要一场膳食革命。那时候的中国刚从吃饱向吃好过渡，先生倡导科学、均衡的膳食结构和饮食观念，对每个家庭都相当重要。20 多年后，我们的物质生活极大丰富了，但我们的精神生活却营养不良。先生为此提出，新时代的我们需要一场脑内革命，我们需要对生命价值进行顶层设计，深层唤醒人生的智慧。先生指出，人在迅速成长的过程中，经常会疲于应付外在环境变化，而忽视内在智慧、经验的变化与积累，以至于功业越大，自身的不适应越多，困惑越多。其实，人们最需要的不是多么强大的功业，而是领悟生命的价值归属。

在先生走向伍福文化的研究和传播道路时，我曾打趣说道：“你这是第二个鲁迅先生啊，弃医从文了。”先生说：“这不对，我还是一个医生，只不过不在医院开方治病了。”先生在弘扬传统医哲思想和医药文化的同时，也在进一步思考当代人所面临的生存困境和心灵迷途。他说我们低估了伍福文化的价值，它作为一种传统的民俗文化已经深入人心，但是很多人不知道它还是中国人的生命哲学。

正如王阳明所说，心外无物，心即理。无论我们承认与否，伍福文化的价值依归就在我们的意识深处，它涵盖了中国人各个方面的追求。伍福既是人生观，又是修行方法。他说伍福文化是生命价值的顶层设计，强调的是作为一种服务于大众的设计，其最终目的就是让大众认识它、理解它。而太极是一种认识世界的框架，也是中国人独有的思维模型。太极的智慧之所以可以帮助我们参透事物的本质，是因为它能帮助我们“明察矛盾双方，积极调整自身内外状态，改变方向、力度、轨迹，从而达到化解矛盾、阴阳、刚柔、快慢、松紧的和谐统一”。

也许先生对伍福文化的重新建构，并不能赢得所有人的认可，但与他惺惺相惜、为之振奋的人不在少数。人类历史上那些耸立在云端的智识丰碑，它们最初也许被人漠视，但在几十年之后绽放光芒，人们才知道它们的伟大与不朽。先生富有文化形态和空间形象的创造能力，他在拓展人类精神文明的领域耗尽了心血，也作出了独有的贡献。

生命，是我们每个人都注定要面对的一个奇妙旅程。对生命价值进行顶层设计，就如同给一幅黑白画上色，让生命在色彩的交织中散发出更为绚烂的光芒。这并非一场华丽的理论展出，伍福于我们是一种生活的态度、一种内心深处的自省。在深层唤醒人生的智慧中，我们需要学会与自己对话。要经常问问自己：我真正渴望什么？是随俗沉浮，还是价值设计？这样的对话不仅能够让我们更清醒地审视自我，也能够引导我们对生命拥有更深层次的体验。

二、国有中国梦，家有伍福梦——家国情怀

这是一个圆梦的时代，也是一个造梦的时代，造梦者精心编织未来的愿景，让混沌中的人变得清晰；圆梦者细心践行梦想，充分利用现有资源，巧妙布局，让未来的愿景逐步清晰。

——宋自福 2015 年 5 月 18 日

梦是人类在睡眠时的一种大脑意识活动。梦不受人的主体意识的控制，它可能是有序的，也可能毫无逻辑。有时候，梦的内容可以为人在解决某个难题时赋予灵感，让梦想照进现实。于是，梦也被指代为一种愿景，引领人们为之奋斗。“做人如果没有梦想，跟咸鱼有什么分别。”在电影《少林足球》中，周星驰扮演的五师兄给被生活磨平棱角的大师兄造了一个梦——少林功夫也是可以用来踢足球的。每个人都有他的长处和短板，我们不要总是拿自己的短板跟别人的长处进行比较，而是要发现自己的长处，并将其发挥到极致。

对于人生前途的思考，先生曾说：“信心比黄金重要。”要摆脱现实中的困境，实现发展性的目标，要树立一种强大的自信，就是要敢于造梦，点燃梦想，万一梦想实现了呢？当中华民族伟大复兴的“中国梦”横空出世以后，先生心中也燃起了一团火焰。他发现民族自信、文化自信正在中国人心中冉冉升起，那作为普

通人对美好生活期望的“伍福梦”，何尝不是一种炽烈的响应！

造梦

人类因梦想而伟大，梦想是人类前行的动力，是历史发展的引擎。

孙中山，辛亥革命的中流砥柱，梦想着建立一个民有、民治、民享的共和国，他提出的“三民主义”代表了一代人的心声。孙中山的梦想，是推翻帝制，建立民主共和国，是中国人民在困境中追求自由的一声呐喊。

新中国诞生于战火之中，是一代英雄浴血奋斗的结果。毛泽东领导的中国共产党，在长征、抗战、解放战争中锻造出坚忍不拔的意志。1949 年，毛泽东在天安门城楼上宣告了新中国的诞生，这标志着中国人民“站起来”的梦想实现了。当然，新中国的建立只是梦想的起点，而非终点。

20 世纪 70 年代末，中国进入了改革开放的新时期。“富起来”成为新的梦想和目标。经济的飞速发展、社会生活的重大变迁，都显示了中国梦的雏形。邓小平吹响了改革开放的时代号角，引领国家朝着更为辉煌的未来迈进。在这片生机勃勃的乐土上，中国建立起世界上最齐全的工业体系，少部分人实现了财富自由，也大大提高了普通人的生活水平，这为中国的崛起奠定了坚实基础。

20 多年前，在北京中关村的街头，人们可以看到铺天盖地的留学广告——给我一个机会，圆你一个美国梦。彼时，正在全球化的浪潮下，中国不仅加入了世贸组织，成功申奥，中国航天事业也瞄向了星辰大海，一个新时代的中国正阔步向前而来。而在中国崛起的同时，美国梦也在受到挑战和质疑。美国不仅在全球制造战争和冲突，在内部也产生了大量不平等和社会撕裂的问题。马丁·路德·金在其著名的演讲中说道："我有一个梦想，我希望有一天，我们的子孙将不以肤色，而是以品格为评判标准……"这让我们看到了美国梦华丽外衣之下的虚伪和冷漠，也引发了对于梦想本质的深刻反思。

随着改革开放的不断深入，中国梦逐渐崭露头角。习近平总书记在中国国家博物馆参观《复兴之路》展览时，提出了中华民族伟大复兴的中国梦。可以说"梦"是这个时代最具能量的一个字。

中国梦包括了国家繁荣富强、人民幸福安康，是对历史荣辱的思考，更是对未来的信仰。这个时代的梦想，既体现了国家实力的崛起，也承载了每个中国人的憧憬。在历史与时代的交汇处，中国梦逐渐凝聚起民族自信与自强的力量。

圆梦

中国梦在璀璨的星空中闪耀，引发了先生去思考和响应一个新时代的主旋律。先生说伍福文化是中华优秀传统文化的重要组成部分，构建了长寿、富贵、康宁、好德、善终等五大维度的人生理念，它不仅是我们每个人内心深处真正追求的美好生活答卷，也承载了每个家庭微小而又重要的梦想。基于这样一种家国情怀，先生提出了“国有中国梦，家有伍福梦”的口号。伍福梦承载了中国梦中的“富强”与“幸福”，这种家庭层面的“富强”，并非只是物质上的富足，更包括身心健康、品格高贵、崇尚孝道的精神富裕。伍福梦以家庭为基础，是中国梦的一种落地形式。

家是最小国，国是千万家。国强家富，民族振兴，是每一个家庭的福祉。伍福梦就是小家梦，是中国梦的具体体现。对每个具体的家庭而言，伍福梦帮助千家万户把自己的梦圆好，就是中国梦在每个家庭的鲜明投影，使每一个普通人都能在自己的生活中感受中国梦的时代回响。

伍福梦注重通过培养正知、正念、正能量，引导人们形成乐观、豁达的心态。这种积极向上的心态不仅有助于个体在社会中更好地适应，更能够在家庭中传递正能量，形成家庭成员间的良性互动。这种正向循环促使家庭在实现自身梦想的同时，为中国梦的实现贡献积极力量。

在当代社会科技与信息革命的浪潮中，造梦者得以通过互联网、人工智能和大数据等科技手段，深度挖掘知识和资源，迎来实现个体价值和自我梦想的前所未有的机遇。这种变革使得个体能够更加灵活地获取知识、培养技能，同时普通人也能够利用互联网的基础设施，借助创新思维，在社会中打造个人 IP，快速获得影响力。

在这个时代，对个体价值和自我实现的追求成为鲜明的特征。新兴产业和领域的涌现为有远见的个体提供了广泛的发展机会。比如说从娱乐、电竞、电商等业态发端的网络直播现象的兴起，自媒体的发展让普通人也拥有了成为超级个体的机会和舞台。造梦者通过敏锐的洞察力，不仅能够抓住社会变革的机遇、灵活应对挑战，还能帮助那些有才华、有想法、有能力的个体实现自我价值。我们不能忽略也不能漠视随着社会变迁涌现出来的各种机会，造梦者需要不断更新自己的知识结构和认知模型，而圆梦者站在时代的风口成就超级 IP 时，也应该保持谦虚谨慎的态度。

从伍福梦来看中国梦，这不仅仅是个体的梦想追求，更是个人、家庭、民族梦想的升华和融合。伍福梦强调了个体的长寿、富贵、康宁、好德、善终，而中国梦则更广泛地包含了国家、社会的繁荣与进步。造梦者通过在时代变革中敏锐洞察，能够融入中国梦的实现过程中，为个体、家庭、民族的梦想赋予更加深刻的时代内涵。

实现梦想的路上，造梦者在实现个体价值的同时，也在为中华民族的复兴贡献力量。个体的梦想和中华民族的梦想在实现的过程中相互交织，共同构筑着一个更为繁荣富强的社会。这条道路既是个体的奋斗之路，也是中华民族的复兴之路。在科技与信息的浪潮中，造梦者既是时代的见证者，更是推动者，引领着梦想实现的新时代。

正如先生所说，这是一个造梦的时代，也是一个圆梦的时代，是一个让理想在有限的生命中激荡的时代。在这个时代里，有造梦者，他们如巧匠，精心编织着未来的愿景，让混沌的人生照进希望的曙光；也有圆梦者，他们默默践行梦想，充分利用现有的资源，巧妙布局，让未来的愿景逐步清晰可见。正所谓“财为有德者聚，人为有智者用，事为有道者成”。

伍福文化是一面梦的风帆，助力造梦者在生命的海洋中航行。它激发了人们对美好生活的追求，让梦想不再是遥远的山川，而是近在眼前的家园。先生一直教导我，他说造梦不仅仅是抬头仰望星空，更是用脚步丈量每一寸土地。每个人不仅要有梦想，还要勇于行动，敢于圆梦。实现梦想的征途上，奋斗者的火炬会帮我们照亮前行的方向。在先生的言传身教中，我逐渐领悟到，把握梦想需要的不仅仅是目标，更要躬身入局，用奋斗的姿态去实现那些美好的期许。

三、融太极智慧，修伍福人生——开天辟地

> 太极哲学体系中有黑与白之分，黑为阴，白为阳，那么是黑好还是白好呢？是阴好还是阳好呢？其实黑与白、阴与阳都好，它还有中间地带的灰，关键在于能否持度守正。太极的智慧就是孕、藏、化的智慧，在于明察矛盾双方，积极调整自身内外状态，改变方向、力度、轨迹，从而化解矛盾，达到阴阳、刚柔、快慢、松紧的和谐统一。
>
> ——宋自福 2015 年 6 月 23 日

我们在看太极阴阳图的时候，可以看到三个维度的内涵，即

阴阳平衡、刚柔相济、循环往复。太极即太初，太极有刚柔，太极分阴阳，参透太极，就是参透孕、藏、化的智慧。其中很重要一点，就是理解“我”的主体性，万事万物都是我可以调动的资源，一切皆可为我所用。太极智慧不仅让我们以非对立思维去看待事物，而且让我们保持正念，学会豁达，走向圆融。

首先，太极是宇宙初始的状态，是天地未开、阴阳未明时的混沌状态。理解太极的本原，就是“孕”的智慧。“孕”就是“潜”，是“萌芽”，是“生长”，是“积蓄”，是“暗能量”……用历史观来看，任何事物的发展都有一个初始的状态。一个新事物的诞生，刚开始总是不被人们接受。新生力量也总是容易被扼杀在摇篮之中。老祖宗教我们谦虚、低调、隐忍，就是告诉我们要懂得收敛光芒，积蓄力量，慢慢发展，以待时机。比如历史上的刘邦烧毁栈道、退居汉中就是如此。与此同时，我们还必须透过阴阳鱼旋转的状态，认识到事物发展是一个循环往复、周而复始的过程。那“孕”的智慧就是承认规律，理解规律，利用规律。宇宙、自然、社会、经济等，它们的发展和演变都有客观规律，不以人的意志为转移。把握事物发展规律，就能顺势而为，就有机会成为时代风口的弄潮儿；忽视事物发展规律，哪怕个人能力再强，也不可能扭转社会大势。

其次，太极智慧是“藏”的智慧，藏着刚与柔两种力量，它的最佳状态就是刚柔相济。我们知道水火不容，然而在《易经》既济卦中，只要火下水上也可以形成水火既济之象。火力适当，水有保护，下面烧柴火，上面是锅炉，水就可以沸腾起来。刚柔相济也是如此，太极拳看起来不紧不慢，但它的特点就是以静制动，以慢打快，一招一式中都暗藏着刚猛的力量。这就说明，在为人处世、团队管理和个人成长方面，我们要懂得刚柔并济。要掌握这个要领，需要大量的实践和体悟。在生活与工作中，我们要知道什么时候不争，什么时候当仁不让。得饶人处且饶人，是菩萨心肠；是可忍孰不可忍，是金刚之怒。生活中不必斗气，斗气只会引来不必要的麻烦。而在职业规划和事业发展中，过度谦卑和退让，那就是毫无原则的懦弱。

最后，太极智慧还是“化”的智慧，强调阴阳之间的平衡与和谐，所谓一阴一阳之谓道。在生活中，我们需要化解矛盾，化解争端，化解恩怨等，先生将这些问题的产生归纳于“心堵”。先生说，“心堵”就像我们血管中的“血栓”，如果不及时化解掉，那迟早会酿成大祸。社会关系无非是人与人之间的关系，与人打交道的关系如果处理不好，就会陷于先生归纳的“十结”之中：心结、郁结、死结、症结、巴结、勾结、纠结、滞结、怨结、仇结。先生给出了一个解决方案，就是运用太极智慧，学会量子纠缠化为通，心劲为上开心窍。所谓量子纠缠是借用物理学概念，承认事物的矛盾是不可分割的，它们始终会纠缠在一起，那我们该怎么办？那就是改善心智模式，提高认知能力，在阴阳之间寻找平衡，这就是化为通。要做到这一点，没有心力是不行的，所以我们要提升自身的能量，让自己先开窍。我们要有化的智慧，化自己的疑惑，化别人的心结，化痛苦为力量，化腐朽为神奇。

有人说，太极智慧就是中庸之道。其实这种说法是不对的，太极与中庸有相通的地方，但并不等同。太极追求的是一种平衡、和谐的境界，这里涉及阴阳两种力量的此消彼长。所以太极的智慧，通过各种因素，利用各种资源，运用各种力量，进行灵活的组织与搭配，让事物呈现一种最佳状态。而我们常说的中庸之道，古人强调的是道德和行为的规范，它解决的是在社交关系中，如何保持中正、平和的原则，如何保持诚实、守信、谦逊的品德。换句话说，太极智慧教人怎么做事，中庸之道教人怎么做人。

人在低谷的时候，不应当消极应对，而要像潜龙一样，韬光养晦，提升能力，静待时机，这是“孕”的智慧。历史上的范蠡辅佐越王勾践灭吴，当大势已定的时候，他急流勇退，从而避免了“飞鸟尽，良弓藏，狡兔死，走狗烹”的结局，这是“藏”的智慧。人生在世，起起落落都很平常，有得有失也是常态，所以兵来将挡、水来土掩，这是“化”的智慧。通晓事物发展有萌芽、生长、开花、结果、枯萎的自然规律，我们就知道年轻时，当积极进取，勇于拼搏；中年时，当成熟稳重，承担责任；年老时，把机会让给年轻人，多提携晚辈，享受生活，淡泊名利，实现善终的人生。

先生创造性地将太极智慧融入“伍福临门”的修行当中，这是过去没有人尝试过的文化创见。从这个角度来说，“融太极智慧，修伍福人生”理念的提出，充分展现了先生筚路蓝缕的心路历程。所谓勇者无畏，志者无疆，作为伍福文化的传承者和发扬者，我深信先生的创见有着不可估量的文化价值。针对先生有关伍福文化的开创性成果，我将尝试从现代伍项修炼、反脆弱“三大法宝”、三十六智等三个方面来表述。与先生相伴多年，我知道他还有其他的新概念，不过我觉得这三个方面，最能代表他的思想观点。

现代伍项修炼

在历史长河中，总有一些敢于开天辟地的人，他们强大的心力激发了无尽的创造力，化腐朽为神奇，将不可能变成可能。华夏民族的祖先，怀着开创新天地的憧憬，构筑了无数史诗般的故事。《易经》中有言，“大哉乾元，万物资始，乃统天”，表达了人们对于天地初开、万物创生的赞叹之情。秦皇汉武、唐宗宋祖，他们的创业豪情激励了无数后人。毛泽东引领中国共产党人浴血奋战建立新中国，重塑了中国人民的民族自信。

在我们为革命年代那些抛头颅、洒热血的有志青年而感慨时，又不免对当今和平时代那些陷入精神内耗的创业者而伤感。大约在 2015 年的时候，先生有感于中国的企业家群体的困境和压力，结合自己的医者经验、创业经历和人生思考提出了“现代伍项修炼”。20 世纪 90 年代彼得 · 圣吉的《第五项修炼》管理思想风靡一时，然而自 2008 年全球金融海啸之后，中国的创业者面临更复杂的市场形势，创业者从“野蛮生长”的时代快速进入了“有序竞争”的时代。许多人因为经营能力不足，企业赚钱困难，产生了巨大的心理落差，不仅企业出了问题，身体也亮起了红灯。

不只是创业者，社会越繁荣，普通人的精神危机也越来越严峻。因为生活琐事、事业危机、家庭矛盾、情感困境等问题，出现了颓废抑郁、轻生自杀的社会现象，相关事例常常见诸报端。当然，我们无法去苛责那些患有器质性病变的抑郁症患者，但是那些因为环境因素或生活事件产生的自杀行为，应该说还是缘于内心的脆弱。思维方式和心智模式的不成熟，导致他们不能很好地纾解压力，在负面情绪的泥淖中走向了极端。

先生发现，当代人各种不适应的症候群，其实都可以从中国的传统文化中找到救治良方。我们被各种碎片化的信息干扰，忽略了古代经典和古人智慧的价值。他希望通过对伍福文化的深入发掘，以中国人向往的五福临门为目标，以正心、正知、正行、正果、正能量为立身之本，以奇妙的太极智慧和当代“度学”为工具，建构伍福正能量、心劲为上开心窍、伍福梦、量子纠缠化为通、持度守正等“现代伍项修炼”。

（1）伍福正能量

先生指出：“围绕伍福文化内涵，以善终正果为导向，从内心发轫，到人生360度全方位正念改善，通过伍福正能量不断实现自我超越。”

伍福正能量也是反脆弱“三大法宝”（后文有详细介绍）之一。在反脆弱“三大法宝”这个概念提出之前，先生把它归置在“现代伍项修炼”的第一项。两者其实并不矛盾，它们有各自产生的背景。“现代伍项修炼”产生的背景是中国经济高速增长的2008年至2018年，那时很多企业家为了追求效益导致身心负荷过载。所以当时先生倡导用伍福文化重新构建企业文化，帮助企业家从身体、企业两个方面进行自我诊治和修行。

伍福正能量的三个关键词分别是善终正果、内心发轫和自我超越。“善果”是初心、发心（发信愿心），正如佛家所言：发菩提心、修菩萨行、证菩提果。任何时候，都不应该把修行的工具，当作目标去追求。比如，我们为了改善生活，需要赚钱，但“钱”只是工具，并非目的。如果错把工具当目的，要么会产生赚不到钱的痛苦；要么赚钱赚到停不下来，成为钱的奴隶。内心发轫，是指正能量是一种自在且自然产生的力量，它始于我们的“心”。我们可以将其理解为一种认知的觉醒，我们走心了，用心了，对万事万物的看法也就不一样了。而这种力量和认知，最终导向的结果是让我们实现自我超越。这样的自我超越是基于积极正向的内驱力和价值观，有助于个体更好地融入社会、建立良好的人际关系，并最终在伍福文化的指导下，走向善终正果。

伍福正能量的内核是积极心理学的运用。在人生道路上，一个人要克服的最大障碍就是蒙昧心智模式的束缚。伍福正能量如同源远流长的江河，也是滋养企业灵魂的一锅老汤。那些以正能量为引领的企业，往往能够战胜风浪，驶向更广阔的海洋。在伍福正能量的加持下，企业家可以从内心点燃生命的能量，不惧挑战，勇往直前，实现自我超越。正如古人所言：“有志者，事竟成，破釜沉舟，百二秦关终属楚。”这正是伍福正能量的魅力所在。

（2）心劲为上开心窍

生活中的很多困境，我们无法避开，我们有所渴求，就有求而不得的痛苦，所以我们必须强大。先生有庄子一样的豁达，也有王阳明一样的坚守，他说：“点醒内心的良知，分清本末，明晰方向，荡除内心障碍，改善心智模式、知行合一。”这何尝不是一种很多人从未体验过的全新的生命状态。

如果没有听过先生的演讲，或者没有跟他面对面地交流过，我们不太好理解“心劲为上开心窍”这一点。心劲为上，意味着要唤醒内心的良知，它是引领我们远航的陀螺仪，是指引我们回航的灯塔。它可以是我们的初心，也可以是朴素的善良，还可以是对事物本质的洞悉。有了心劲，我们就能掌握内心存在的力量，从而分清本末，明晰方向。我们能包容万物，也能刚毅不屈。如同庄子所说，“天地与我并生，而万物与我为一”。刹那间开了心窍，犹如醍醐灌顶，一通百通。古人的智慧，智者的经验，生命的觉醒，如同开启了上帝视角，智识跃升到一种新高度。先生的这种洞见和体验，也许就像南怀瑾在讲《金刚经》时说的，一个人如果开了心窍，累世的经验和知识会在一夜之间灌进大脑，哪怕他没有读过多少书，他的智慧也非常人能够比拟。

古人云：“知者不惑，仁者不忧，勇者不惧。”我想心劲为上的舵手，便是这样的智者、仁者与勇者。他们荡除内心障碍，改善心智模式，实现知行合一。心有多大，天地就有多大；心劲有多强，人生就有多精彩。先生说，心劲是引领人类奋斗的灯塔，它不仅仅是一种强烈的渴望，更是坚韧的毅力和超凡的远见。一个人只有忍人所不能忍，才能为人所不能为。正因为看得远，才能拥有将坏事转变为好事的思维；正因为耐得住煎熬，才能拥有触底反弹的决心。

（3）伍福梦

先生说："人类因梦想而伟大，让伍福这颗种子植入内心，建立共同愿景，从深处唤醒人生智慧，从顶层设计生命价值，修成正果。"什么是伍福梦？简而言之就是长寿、富贵、康宁、好德、善终的梦，这既是个人之梦、家庭之梦，也是企业家之梦。正所谓"志当存高远"，伍福梦便是这高远的志向。伍福梦正是引领企业在困境中求索、成长的力量源泉。

（4）量子纠缠化为通

很多人会有疑问，现代伍项修炼跟"量子纠缠"有什么关系？先生读大学的时候虽然学的是医学，但是他对物理学特别感兴趣，很多前沿科学的专业名词，他也信手拈来。量子纠缠是现代物理学中的一个概念，它描述了一个系统内粒子之间的紧密联系。粒子在不被观察时，处于叠加态，而只要观察其中一个粒子，它的叠加态就立即坍缩。那么另一个与之相对的粒子没有被观测，它的状态也会在瞬间确定下来，呈现一种与被观测粒子的相反状态。微观粒子有很多诡异的特性，量子纠缠是其中一种。先生借用量子纠缠的概念描述了一种人类解决问题之前的混沌的意识活动。他常说，世上无难事，只怕有心人，"心"就是我们的"念头"，念头管理不好，就容易变成妄念；念头管理得好，那就是"心劲"。

"化为通"是什么意思呢？这起源于先生对交通堵塞现象的观察和思考。先生曾说："如今的时空到了一个堵的节点，在天呈象，在地应物，在人现身。"他发现交通拥堵很重要的原因，是人类不具有蜂巢思维，无法做到统一调度，快慢一致。有的人开车快，有的人开车慢，如果所有司机驾驶技术高超，即便车速非常快，只要有条不紊，交通堵塞的现象就会减少。他认为驾校不应该以考试为目的，不能满足于将一个新手送上道路，而是要培养技术过硬、素养优秀的司机。也许在未来，随着AI和自动驾驶技术的发展，不需要人来驾驶，由一个智慧交通的大模型来规划线路，通行的效率将会大幅提升。从交通堵塞联想到血管堵塞，将下水道堵塞比作心情堵塞，他发现如何"化堵"，是困扰当今社会的重大课题。

要化解生活中的"拥堵"，他的思考是，第一要"内化"（己化），即调整自己的心态，将心中的负能量转化为正能量；第二要"外化"（人化），即人人都能化解周围事物的冲突；第三要靠"政化"，即政府通过法律政令的方式来化解社会矛盾。而对于组织建设的"拥堵"，先生提出"量子纠缠化为通"的概念，即"团队建设重心前移，从念头管理开始，打造学习型组织，面对现实空间、虚拟空间和二者交叉空间的复杂局面，能够创造性整合资源，开创企业发展新局面"。

正如古人所言："人心齐，泰山移。"量子纠缠的团队之力正是企业前行的关键所在。古往今来，团结协作的团队总能战胜强敌，创造奇迹。量子纠缠不仅在科学领域有着深刻的意义，更在企业团队中展现出强大的力量。如果我们将内心的各种"堵"化为通，化痛苦为力量，化腐朽为神奇，这就是量子纠缠化为通的意义所在。

（5）**持度守正**

什么是“持度守正”？先生给出的定义是，运用太极智慧，化解天下万难，坚持度学原则，修炼系统思维，达成身企同治。在这项修炼中，先生融入了北京科技大学度学院李云飞的“度学”理念。先生与李云飞教授一见如故，两个人对开拓人类思想的边界有着虔诚的信仰。李云飞将西方范畴学和中国儒家中庸思想引入他的哲学研究中，他认为度是宇宙万物之道、万事之理，度与道相通，度道一体，度即道，度即理，度是道中至道，度是理中至理。李云飞的思考对先生产生了很重要的影响，同时先生考虑到，“守正”是中国传统文化的重要内涵。所谓正者，大道也，从自然规律上升到道德伦理，自然有自然的法则，社会有社会的规矩。

先生是勇于实践的人，在企业管理中，他认为“度”便是关键所在。把握好度，才能让企业在竞争中立于不败之地。同时，“守正”也是企业发展的基石。孔子说：“君子和而不同。”持度守正的企业家便是这样的君子，他们坚守原则，同时又善于变通与创新。持度守正的关键，在于建立系统思考的能力和模型，它是一种全局观念。企业家可以借助各种工具和方法，如流程图、因果图、系统动力学模型等，建立企业的模型和框架，以便更好地理解和预测系统的行为。这并非一朝一夕之功，需要在实践中，尝试和应用系统思考的方法，不断反思和总结经验，不断完善系统思考的能力。

先生提出企业家的目标是身企同治，其本质是运用伍福文化的认知框架将调理身体与治理企业相结合，是一种道家领导力思维，旨在帮助企业家更好地领导企业并实现个人和企业的共同发展。在纷繁复杂的商业世界中，只有持度守正，企业才能在风浪中稳舵，不迷失方向。“持之以恒，久久为功。”正是这种守正的品质，成就了伟大的企业。

反脆弱“三大法宝”

天有不测风云，人有旦夕祸福。面对生命中的波折与困境，何以处之？先生提出的反脆弱“三大法宝”——正能量、太极智慧、奋斗精神，如同三盏明灯，照亮吾辈前行之路。“反脆弱”是思想家塔勒布在他的《反脆弱》一书中提出的一个概念，他认为“脆弱”的反义词不是坚韧，而是“反脆弱”。

比如说，一个玻璃杯，硬度很高，不能说明它坚固，它掉在地上，很容易就摔碎了，那么它就是脆弱的。而一个皮球摸起来柔软，但掉在地上弹起来还能完好无损，那么它就是坚固的。当风把一颗种子吹到绝壁的缝隙中，它非但没有死掉，反而从缝隙中长出丰硕的枝干，那么这颗种子就是“反脆弱”的。

塔勒布将“反脆弱”理论解释为：“有些事物能从冲击中受益，当暴露在波动性、随机性、混乱和压力、风险和不确定性下时，它们反而能茁壮成长和壮大。”当我们拥有这种认知，我们就有勇气和信念绝地重生、逆流而上、触底反弹。三年的新冠疫情期间，先生目睹社会各方面暴露出来的恐惧心理和投机行为，他借用了“反脆弱”的概念，通过阐释正能量、太极智慧和奋斗精神的内涵，来帮助人们更好地面对所有的不确定性，解决我们生活当中的烦恼。

什么是“正能量”？在上文“现代伍项修炼”中，我们讲过“伍福正能量”，在此先生单独摘出来做了重新表述：围绕伍福内涵，以善终正果为导向，从内心发轫，积极追求，运用太极智慧，达到人生360度全方位正念改善的奋斗过程。他提到的关键词是积极追求、正念改善和奋斗过程。先生认为，在遭遇不好的境况时，即便是面临绝境，我们也不要破釜沉舟背水一战，而是要勇往直前一鼓作气。两种做法表面相近，实则心态迥异。

先生曾讲过这样一个故事：来北京创业之初，由于市场管理经验欠缺，公司产品发给经销商后，货款像石沉大海一般没有回音。那个年代，销售链路普遍都没有签合同，全靠口头约定，不回款或卷款跑路的现象比比皆是，厂家和品牌方一点儿办法都没有。在流动资金枯竭时，屋漏偏逢连夜雨，几位合伙人要求“零风险无亏损”撤出，先生同意了，独自承受了这场“暴风雨”的洗礼。然而先生并没有被击倒，他不停地思考如何应对这种危机。最终，他踏上了去东北的火车，打算会一会当地的经销商。下火车之前，他在洗手间，用冷水洗了一把脸，与镜中的自己对视，然后放声大笑，心想：只要不放弃思考，就能把坏事变成好事。事后，正如他所料，他与经销商重建了信任，回款的问题陆续得到了解决，公司不仅渡过了难关，还开拓了更大的市场。

这段特殊经历，对先生而言，与其说是一次惨痛的教训，不如说是引发了他对人生触底反弹、绝处逢生的深度思考。类似这样的生命体验，发生在先生身上的还有很多，他并没有因此背负太多的负面情绪，让自己陷入抑郁不得志的深渊中，而是将这些不快的遭遇和走出低谷的心路历程，融入了伍福文化的思想体系中，他认为是老祖宗的太极智慧让他化腐朽为神奇。人们总认为别人的成功是一蹴而就的，看到的是鲜花和掌声，看不到的是心力与能力的炼狱。

太极智慧是什么？宋自福先生与陈式太极拳宗师陈小旺携手开发的九太极智慧修炼体系，让人分清黑白，体察刚柔，理清虚实，掌控奇正，传承生命智慧，点亮伍福人生！太极智慧的运用，核心是化解，化解矛盾，化解恩怨，化解困惑，自己化而不是被别人化，或者需要别人帮你化。化，在人的角度是换位思考，在事的角度是债责原理。

所谓太极生两仪，两仪生四象。太极智慧，便是这生命之舞的精髓。九太极智慧修炼体系，如同武林秘籍，从拳法到心法，开启脑内革命，揭示生命之真谛。太极智慧如同一把钥匙，开启生命之谜锁。换位思考就是太极智慧，许多事情换种角度，换个立场，就能看透其中的本质，自己化解一切矛盾、恩怨与困惑，不纠结、不内耗，以积极的姿态迎接太阳升起。

在奋斗的过程中，做了很多事情，付出了很多努力，却看不到正反馈时，债责原理不失为一种提升驱动力的思维模式。

先生在对太极智慧进行深度思考时，又引申出了一个“债责原理”的概念，其实这里也有先生一段深刻的教训，他帮助一些欠债人还了本不属于他还的巨债，虽然他为此心力交瘁，但也是积极应对，最后解决了问题。先生说：“责比债少了一个‘人’字旁，这个人去哪儿了？这个人没有被债务所累，行动起来，上岗尽责去了，要创造新的财富来还债。”要把债务转变成责任，这个人必须动起来，先是心动，全面思考论证，怎样才能尽责？调动一切可以调动的因素。心一动，事就成了。债是不会动的数字，有了内心认可的责任，就带来了动力，尽责的行动就产生了。责任是无怨无悔、任劳任怨的底层代码，责任比世界上任何东西都管用，有责任心的人一定是值得信任的人。

责任是主动背负的债务，债务是不可推卸的责任。债责原理贵在“担当”。这“主动”二字，恰似庄子的“逍遥游”，表达了个体在主动承担责任时所获得的自由和满足。孔子说过：“为政以德，譬如北辰，居其所而众星共之。”以德服人，四海宾服，“德”最重要的内涵是榜样、担当和责任。马斯克在接手特斯拉公司初期，面临着严重的经营危机，不仅钱花光了，还背负了天文数字的债务。但是，马斯克没有选择回避，而是将债务转变为责任，使其个人使命与企业使命融为一体。马斯克积极行动，尽责而去，通过不断创新，推动特斯拉成为电动汽车领域的领军企业，为公司赢得了新的发展空间。

可见，债责原理以责任为核心，是一种高尚品质的象征。古今中外名人的事迹均印证了这一理念的卓越之处。责任心，不仅使个体在负债之际保持从容，更使其为社会创造新财富，成就人生的辉煌。责任，是一束光，照亮前行的路途，引领人类社会持续向前发展。

最后，我们简单谈谈奋斗精神。先生说："奋斗是一个过程，从发心念力，开始树立山顶意识（目标），到自我成长，迭代更新，复盘认知，砥砺前行，再创辉煌，这一过程总结归纳起来就是奋斗。"

幸福都是奋斗出来的！先生把奋斗精神作为反脆弱的第三大法宝，他认为吾辈应当继承先辈奋斗精神，做好时间管理、秉承奋斗精神、警醒生物钟。在追求伍福人生的道路上，虽历经磨难、波折和考验，但我们依然满怀信心，如同盘古开天辟地。

奋斗精神犹如一座坚实的山峰，托起了先生的人生信仰。奋斗，不仅是个体的精神，更是整个中华民族的脊梁。

在反脆弱之路上，先生描绘了一幅绚烂的画卷，三大法宝犹如明珠般镶嵌在人生的征途上。伍福正能量像一盏心灯，能够驱散恐惧与迷茫；太极智慧如同一把钥匙，为我们开启了一扇重新认识世界的大门；奋斗精神就是我们不竭的动力，推动反脆弱之舟破浪前行。三者相辅相成，共同构筑起反脆弱的坚固堡垒，让吾辈在人生航程中无论遇到何种风浪都能化险为夷，驶向光明彼岸！

有人说，"宇宙即我心，我心即宇宙"，这并不是在崇尚唯心主义。对每个具体的人而言，只有活着，这个世界对你才有意义。宇宙是客观存在的，作为主体的人拥有主观能动性，在一定程度上可以改造这个世界。无论这种改造是微小的、局部的，还是宏观的、全局的，只要参与其中，在自己的能力范围之内勇于实践，生命就有价值，人生就有意义。

三十六智

面对一个坏的结果，如果我们不能改变，那就不能停留在对过去的懊恼之中，而要瞄准未来，改变现状。未来的事情不是过去能决定的，我们能改变的只有现在。先生常说，一时的成功并不算什么，只有经历触底反弹的人，才能取得真正的成功。在产能过剩的今天，我们不仅面临产业升级的压力，还在遭遇一场思维的转型和文化的洗礼。社会正在拐弯，时代也在更迭，那些吃时代红利侥幸成功的人，多半会凭借自己的真实能力亏得一塌糊涂。当外在环境突变，大脑额叶的工作记忆区会调动以往的经验或方案来应对，一旦不能匹配，或者内存不够，我们的大脑就会不适应。

人生向来不是一帆风顺的，十有八九是泥沙俱下、荆棘丛生，特别是在当下百年未有的世界大变局中，我们每个人都会面临来自社会、事业、生活的各种各样的困扰，我们该何去何从呢？美国心理学专家卡伦·霍妮在她的《我们内心的冲突》一书中指出，人的内心冲突源于困扰人的内心的相互矛盾的神经症倾向，这些倾向不仅归因于偶然的个人体验，更应主要归咎于人们生活于其中的特定的文化环境，后者归根结底决定着前者的特殊形式。一言以蔽之，今天的人们内心遭受的焦虑、迷茫、痛苦、矛盾等精神层面的困扰，都是我们所处的社会文化环境决定的。而要解决这些问题，先生认为必须从我们丰厚的文化土壤中去寻求方法。

2012 年，宋自福先生与当代陈氏太极拳宗师陈小旺结合伍福文化共同研创了伍福九太极拳法。九太极拳法在云手热身后，分为起势、金刚捣碓、上三步、左掩手肱拳、双推手、倒卷肱、闪通背、右掩手肱拳、收势等九式，保留了陈氏太极拳的精要，又便于普通人练习，帮助人们达到修身养性、领悟伍福的目的。

后来，先生又在九太极拳法的基础上，融合伍福文化与太极阴阳思维模型，精心提炼了伍福九太极三十六智，形成了伍福智慧修炼体系：九太极拳法版、九太极商务版、九太极生活版、九太极人脉版、九太极养生版。开发智慧是人类的驱动力，增长智慧是人生的必修课。研习伍福文化，借助九太极智慧修炼体系，我们可以逐渐领悟太极的智慧，点亮伍福人生。

伍福临门	长寿	富贵	康宁	好德	善终
	九太极 拳法版	九太极 商务版	九太极 生活版	九太极 人脉版	九太极 养生版
第一式	起势	蓄势待发	低调沉稳	厚积薄发	气沉丹田
第二式	金刚捣碓	战略定位	心知肚明	一诺千金	运气定神
第三式	上三步	三大战役	三人有师	三思后行	跷步运化
第四式	左掩手肱拳	重点出击	以德为本	仁者无敌	君臣佐使
第五式	双推手	双赢模式	推陈出新	礼尚往来	身心双赢
第六式	倒卷肱	以退为进	化解包容	吃亏是福	返老还童
第七式	闪通背	华丽转身	苦尽甘来	换位思考	额叶开发
第八式	右掩手肱拳	再铸辉煌	角色责任	富有贵根	佑贯九霄
第九式	收势	九九归一	伍福人生	善始善终	天人合一

先生希望我们每个人都能以太极拳为修炼形式参悟太极智慧，以“三十六智”（即九太极拳法版九式之外的三十六式）为心法修行伍福人生。从拳法到心法，从提升“心之力”到“脑内革命”，在于寻找生命的实相，让人们摆脱虚无的想法和难以安放的内心冲突，帮助人们在现实生活中真正找到解决问题的可行思路与方法。伍福九太极既传承了传统太极的精髓，又融入伍福文化；既是精妙拳法，也是智慧修炼的顶层设计；既适合身心灵修炼，促进个人高质量发展，也适合在全世界范围内进行人文交流，具有增强全世界各民族感情、沟通心灵的魅力。

大疫三年，许多人累了、疲了，也有许多企业遇到了困境，甚至倒闭了、破产了，但有一点是，我们都挺过来了。麦子破壳才能发芽，海星断脚亦能复原。看过大腿粉碎性骨折手术的人就会知道，将粉碎的骨头拿掉，打上钢钉，骨头之间的缝隙会自动愈合，这就是生命力。生命如此强劲，我们的心力又怎能脆弱呢？任何危机，都蕴藏着变局，稻盛和夫曾说，“应当把萧条视为成长机会”。对于大多数企业而言，当下也许无比艰难，却也是一个重新认识自己、重新认识市场的时机，是开启新一轮高质量成长的起点。无论何时、何境，信念是支撑成长的根本。所以，建立正能量的信念心相系统，凭借顽强的奋斗精神，善于利用太极智慧化解主客体之间的矛盾和冲突，不仅是拉开人与人之间距离的决定性因素，也是企业界人士实现身企同治，打造企业核心竞争力的关键所在。

中国人最大的节日是春节，而在春节最多的期盼是五福临门。

我们从传统文化土壤中发掘出五福的瑰宝，赋能五福成为迎合时代发展的新“伍福”，倡导以“人”为本，与时俱进，增强文化自信与民族自信。不为良相，便为良医，是古代知识分子的修身之道。先生也怀着这样一颗赤子之心，他虽在民间，但家国情怀浓厚。他希望借由伍福文化开创心灵良方，帮助有缘之人摆脱精神内耗，让心灵重见天日。

单打独斗的时代已经过去，我们要用队伍的“伍”体现“伍福”所具有的时代发展价值，结合新时代发展特点重新定义“伍福”：一长寿、二富贵、三康宁、四好德、五善终。随着我们对“伍福”文化研究的不断深入，“伍福”文化的底层架构——“家国文化”也跃然纸上。如果说“中国梦”是实现民族复兴的时代强音，那么“伍福梦”是聚焦家庭建设的落地探索。从家庭做起，带动社群，融聚社会更多有识之士，传递“伍福”正能量，定能让那些荒芜的精神家园重焕生机。

四、融聚奋斗志士，共襄伍福盛事——奋斗宣言

> 我是奋斗者，我坚守幸福都是奋斗出来的人生信念，怀奋斗之心，聚奋斗志士，共襄伍福盛事。爱党爱国，诚实守信，持度守正，善始善终。
>
> ——宋自福《奋斗宣言》2019 年 2 月 15 日

先生书写了一幅书法作品，叫“奋斗福”。奋斗福的“畐”字部变为“奋”，上不出头，指复盘、思考、蓄势，这是人生和事业上必需的动作和过程。奋斗福的“示”字部，“斗”昂首，象征奋进、拼搏、开拓，这是人生和事业上必需的姿态和心劲。

先生说，“奋”让我们清楚认知，投入情感，心在事上；“斗”让我们意志坚定，目标始终如一，追求善始善终。而对于“共襄”，先生指出“心齐方可成龙”。他的意思是，国和天下平，家和万事兴。上至国家民族，下至团队家庭，只有融聚共识，团结一致，心无二意，才有强大的力量。

奋斗

在当今社会，是奋斗，还是躺平，成为年轻人争议的焦点。一方面，我们看到无数年轻人投身于奋斗的热潮中，他们努力工作，追求梦想，展现出无比的热情和毅力。另一方面，也有一部分人选择躺平，他们回避竞争，放弃追求，以一种看似消极的方式应对生活。在先生看来，人们对未来总是缺乏预判，总是被表象的世界所蒙骗，既不会善始，也没有善终。其实，躺平也好，摆烂也罢，都是心无斗志的表现，本质上还是内心焦虑、意志脆弱。人们总是悔不当初，却不知道现在即未来。如果一个人知道他在 35 岁后的归宿是去送外卖，那他就不会放纵自己的青春，而是会把时间和精力聚焦在一个点上。但凡在任何一个领域取得优势，也不至于遭遇“中年危机”。

每个人都有发展需要，躺平只是一种无声的抗议，真正觉醒的人不会停下奋斗的步伐。中国古典文学当中，有很多描写田园牧歌生活的诗歌，也有很多书画作品寄托了隐士的情结。如果是真隐士、真超脱，我们不反对这种精神追求，但是普通人是没有这种实力和资格的，这只会加速自我淘汰的进程。中国儒家是一种入世哲学，所谓“穷则独善其身，达则兼济天下”，君子即便在不得志之时也会保持“潜龙勿用”的修身状态，等待时机成熟以便“治国平天下”，干出一番事业。

先生打趣说，俄罗斯是战斗民族，中国是奋斗民族。我们先不论俄罗斯人是否认为自己是“战斗民族”，不可否认的是，中国是人类最早进入农耕文明的国度之一，不服输、不认命，勤劳勇敢、拼搏进取的奋斗精神，让中华文明从未中断。在几千年的历史长河中，中国人民革故鼎新、自强不息，开发了辽阔秀丽的大好河山，开拓了波涛万顷的辽阔海疆，开垦了物产丰富的广袤粮田，治理了桀骜不驯的千百条大江大河，战胜了数不清的自然灾害，建设了星罗棋布的城镇乡村，发展了门类齐全的产业体系，开创了美好生活图景。依靠“撸起袖子加油干”的奋斗精神，中国人民取得了全方位的、开创性的成就，创造了举世瞩目的丰功伟绩。

习近平总书记在十三届全国人大一次会议上指出：“中国人民自古就明白，世界上没有坐享其成的好事，要幸福就要奋斗。今天，中国人民拥有的一切，凝聚着中国人的聪明才智，浸透着中国人的辛勤汗水，蕴涵着中国人的巨大牺牲。我相信，只要13亿多中国人民始终发扬这种伟大奋斗精神，我们就一定能够达到创造人民更加美好生活的宏伟目标！”

回顾历史，奋斗是中国人最可贵的精神品质。展望未来，奋斗依然是这个时代的主旋律。随着社会的发展，人们的生活方式和价值观念发生了很大的变化，但是奋斗的本质和精神是永远不会过时的。当然，对于奋斗的理解可能因人而异。有些人可能更注重物质成就和社会地位的提升，而有些人则更注重精神追求和个人成长。“幸福都是奋斗出来的”，在实现自我价值的过程中，成就感和安全感会随之而来。在提升个人能力和竞争力的同时，通过不断学习和探索，我们不仅拓宽了视野，也丰富了精神世界。这种奋斗的精神，客观上是社会进步的动力，主观上也是个人成长的基石。

奋斗需要发心和念力，代表动机和渴望，山顶意识是驱动我们不懈奋斗的精神指导。我们也许会因为困难和挫折而让意志松动，因此我们需要不断学习和复盘，让认知在成长中迭代，保持知识结构的更新，不断强化和修复自己的初心和意志力。不要取得一点儿小成绩就沾沾自喜，而是要砥砺前行，不断创造辉煌的战果。

在周星驰主演的电影《喜剧之王》中，男主角尹天仇面对大海，大喊“努力、奋斗”，引起了强烈的社会共鸣，他喊出了繁华都市中一个小人物的无奈和执着。《喜剧之王》夹带了周星驰早年入行时的经历与感触，他想说的是即便作为一个跑龙套的角色，也应保持专业的素养和敬业的态度。对主人公尹天仇而言，奋斗的意义在于成长的过程，生活就是最大的舞台，为梦想而努力，人生则无憾了。

也许有人会说，努力没有用，因为选择大于努力。的确，盲目地努力，只会越忙越穷，但努力并不是奋斗的全部。先生说，奋斗是一种精神，更是一种姿态，也是一种影响力，更是当代中国最激昂的旋律。不是奋斗没有意义，而是很多人在表演努力奋斗的样子，曲解了奋斗的含义。明明自己在职场中摸鱼混日子，效率低下，拖延症犯了还说“加班很充实”。要不就是书看了两页，照片修了两小时，还美其名曰：“学习很苦，但不学习的人生会更苦。”这样的奋斗，不过是自欺欺人罢了。

我们之所以选择奋斗还有一个重要原因，是我们对未来的不确定性怀有危机感。任正非经常说：“华为离破产只有八个月。”这种时刻萦绕在心的危机感，使得他为华为构建了“以奋斗者为本”的企业文化。每个华为人的办公室里都有一张行军床，但任正非却说床垫不是华为的文化，因为它不可以传承。华为能够作为企业文化传承的是他们不懈奋斗的精神，是他们永不止步的征途意识。

先生在谈到“奋斗”时，他说我们的革命先辈以“同志”相称，原因不仅仅是“志同道合”，还在于他们心中有信仰。这种信仰是，只有共产党才能救中国。从军阀混战，到抗日战争，再到解放战争，老百姓生活在水深火热之中，只有共产党心系民间疾苦，如果他们不组成敢死队来打这一场翻身仗，我们的子孙后代还会流血牺牲。所以先生说：“志字的下面是一个心字，心就是信仰，有信仰的奋斗者才能称为志士。”我们崇拜那些革命志士，我们不应该只是他们的粉丝，而是要成为向他们学习的“奋丝”。

在生活中，许多人中了历史虚无主义的毒，认为现在的社会已经不需要流血牺牲了，上一代人的残酷战斗和艰苦奋斗跟自己没有关系，但我们不要忘了所有的岁月静好，不过是有人在替我们负重前行。缉毒警察、消防指战员、守卫边疆的战士依然面临着生死考验。如果不是肩上有责任，身上有使命，心中有信仰，谁愿意拿自己的生命去冒风险呢？仁人志士的奋斗精神永远绽放光芒，因为他们想清楚了奋斗的价值导向，同时他们这种榜样的力量也会持续影响中国人的价值观念和行为方式。

先生说，从盘古开天、夸父逐日到撸起袖子加油干，中华民族奋斗精神源远流长！从一穷二白到全面崛起，从文盲遍地到教育强国，从缺医少药到健康中国，从短缺型经济到高质量发展，奋斗就是中华民族从站起来、富起来到强起来的金钥匙。这种奋斗精神是中国人民在长期的历史演进中形成的，也是伍福文化得以传承和发展的重要原因。可以说，在伍福文化体系中，奋斗被赋予了丰富的内涵和鲜明的时代特色。

奋斗不只是一种积极向上的态度，它还是一种长期主义，一种创新精神。奋斗者们不满足于现状，而是积极探索新的领域和机会。他们勇于打破传统的利益格局和思维方式，寻求新的发展机遇和突破口。他们敢于冒险、敢于尝试，不怕失败和挫折。正是这种创新精神，让他们在激烈的市场竞争中脱颖而出，成为行业的佼佼者。

奋斗精神是伍福文化传承和发展的动力，伍福文化也为奋斗者提供精神营养和价值标尺。先生说，伍福奋斗精神将我们对世界的认识提升到了一个新的高度，人们可以更加明确自己的目标和方向，增强自信心和动力感，从而更加坚定地走向奋斗圆梦的道路。

共襄

先生在他的“奋斗宣言”中掷地有声地说道:“融聚奋斗志士，共襄伍福盛事。”我对此感到疑惑，既然我们在做传播和推广伍福文化的事业，为什么不说“凝聚共识，共享伍福”呢?先生说，凝是降温，而融是升温，传播伍福文化没有热心可不行。他还从融字看到了造字的智慧，说融字包含了人民币符号“￥”，它是经济的象征。他说，要做好伍福的事业，要明白财聚人散、财散人聚的道理。而在谈到“襄”字时，先生说不管自己奋斗在天涯海角的哪一个坐标上，哪怕踏遍祖国960多万平方公里的每一寸土地，祖籍河南许昌襄城县永恒不变。

他由此联想到每个中国人都是有“根”的，他说“扎根是有计划，有谋略，心里像明镜一样：哑巴吃豆子，心里有数——吃着吃着就饱了。不迷茫，不跟风，持续努力，内心明白”。关于“共享”，他认为只有拥有了，才能分享，而“襄”字是包含了相互帮衬和扎根发展的意思，互有价值的人彼此都是贵人，才能齐心协力，广种福田。盛事即美好的未来，伍福人生的美好未来还没有实现，所以需要融聚有识的奋斗者，齐心协力，共襄盛举。

未来的世界不仅是一个“共赢”的世界，更是一个“共襄”的新世界。“共襄”是求同存异，人人出力，不是瓜分蛋糕，而是将蛋糕做大再分。人类的整体命运是不可分割的，没有哪个国家、哪个民族可以独善其身，面对宇宙的星辰大海，我们需要的是竞合，而不是竞争。

当今世界，在全球视野下，新时代的特征和趋势是全球化与本土化的融合、创新驱动与共生经济的协同发展、文化的多样性与包容性并存。中国的和平崛起，倡导不同国家和地区通过合作共襄盛举，共同面对全球性挑战，推动世界的和平与发展。文明的进步，时代的发展，离不开持续创新的动力。“共襄”的理念也包含了知识与创新的共享，通过开放合作、共同研究和知识传播，各领域可以实现更快速的技术进步和创新发展。所以这种“共襄”不仅存在于企业和科研机构之间，还包括政府、非营利组织和公众之间的广泛合作。中国的“一带一路”倡议正是通过国际合作，推动沿线国家共同发展，实现经济和文化的双重繁荣。

与此同时，“共襄”的理念，还可以推动对共生经济模式的探索。国与国之间，企业与企业之间，虽然有市场竞争，但并非零和博弈，问题的关键是扼制资本的贪婪。只要探索出一套共享资源、共同开发、协同创新的机制，人类社会在技术和文明两个层面都会迈上一个新的台阶。一个有目共睹的例子是，在全球新冠疫情防控中，通过信息共享和技术合作，世界各国共同应对新冠疫情，体现了信息技术在推动全球合作中的重要作用。

不同国家，不同种族，存在着不同文化，这种多样性并非某一种单一文化可以取代的。相反，文化的多样性不仅是人类文明的宝贵财富，也是社会进步的重要动力。互联网兴起的时候，曾有一个“地球村”的概念，时至今日信息技术的发展却让很多互联网企业变成了“托拉斯”，国家保护主义有日益抬头的趋势，种族冲突和局部战争也愈演愈烈，不得不说这是当代文明的悲哀。人类只有相互包容文明与种族的差异，彼此取长补短才能丰富自己的文化内涵，提升民族的魅力。

在人类文明的征程中，我们可以发现每一次文明的跃迁，本质上都是社会文化心理的改造与重塑。当历史处于激荡之中，既是百家争鸣之时，又是思想合流之道。中华传统智慧博大精深，不仅仅是因为古圣先贤皓首穷经、贡献智慧，不断提出新的见解和学说，还在于他们的精神激励了后世的薪火传承者勇于开垦新的文化疆域。他们塑造了我们的文化心理，而我们也在汲取营养开出新的花朵，结出更加丰硕的果实。

无论如何，我们都应当意识到，当今世界正在发生深刻的变革，国家层面提出“构建人类命运共同体”的倡议后，就以摧枯拉朽之势席卷人类传统的认知模式。先生也紧跟时代潮流，用伍福文化兼容并蓄的格局与视野，从个人修炼和企业经营的角度，提出了命运共同体、价值共同体、奋斗共同体等三大伍福共同体的概念。当然，类似的概念很多人也提到过，但先生有他独到的主张。

命运共同体

面对市场经济的下半场，企业在实现员工与平台价值双赢的同时，还应注重员工与平台的共同成长，在企业文化的感召下，实现同呼吸共命运，打造命运共同体，实现企业与员工的可持续发展与成长。

价值共同体

有利则聚，无利则散，只注重利益的组织是走不远的，只有价值观相同，能够达成共识的团队才更具有战斗力。我们要融聚更多有识之士，携手共进，打造价值共同体。

奋斗共同体

“幸福都是奋斗出来的”，奋斗是人类永恒的旋律，是迈向成功的唯一途径，只有全员奋斗的组织才能取得突破与发展。我们如果把伍福文化注入组织文化当中，就可以打造一支有凝聚力、有战斗力、有内在生命力的持续奋斗的团队。

纵观历史，中国人对福的追求与中华民族同生同进，是中华民族不可或缺的文化基因。中国人生活中最多的期盼用两个字来描述，我想应该是“有福”。时代在变迁，科技在进步，人们热切地追求幸福生活，却又搞不清楚幸福到底是什么。也许生活在各个阶层的人对幸福的认知都有着自己的标准和评判，然而我们翻阅历史，在《尚书·洪范》中找到一个共襄的答案，那就是伍福临门——命运共生、价值共融、共同奋斗。建立在共襄之上的强链接，激发正能量，融聚人心，有助于我们探究人性的底层代码和债责原理，通过反脆弱让内心强大，或能让我们书写更为壮丽的人生篇章。

五、经营人才、经营人心、经营未来——让未来更加清晰美好

> 人有90%的潜力是隐藏的，有待开发的，而这些隐藏的潜力蕴含着巨大的智慧与财富。只需一个合适的平台，一个合适的环境，就可以逐步得到开发，逐步释放出来。
>
> ——宋自福《奋斗宣言》2016年3月14日

2008年，由美国次贷危机引发的全球金融风暴，也波及中国。当时企业界承受了很大的压力，中国的对外贸易出现了重大危机，订单减少，出口受阻，内销不畅，导致很多传统行业的企业主忧心忡忡。由此引发的连锁反应，对中国经济的各个层面都有重大的影响。有的老板不堪重负跑路了、跳楼了、消沉了，种种症结，重重困难，一时之间，企业界万马齐喑。

企业的效益不好，老板们也开始焦虑，他们的身体自然也不好了。针对这种现象，先生在2012年左右成立了中国伍福精英会，从医者的角度，对企业家康养和企业管理提出了“身企同治”

的概念，并为此开发了一系列的培训课程。当时他奉行的是天人合一的康养理念，倡导用“伍福观”来重塑人生价值，帮助疾病缠身、心胸郁结的企业家，从身体管理和企业管理两个方面同时进行疗养。

先生一直认为，管理不好自身的健康问题，也会管理不好一个企业。他倡导的“身企同治”，就是根据人的自我管理的提升，来影响企业的最终命运。企业家在经营上的问题，无非是人才、人心和未来的问题。从企业文化的角度来说，就是企业的使命、价值观和愿景。但是很多企业，尤其是中小企业，他们的企业文化是不清晰的，甚至是说一套做一套，没有将企业文化贯彻到组织行动当中。先生说：“只有把经营企业和对待身体看得同等重要，才能把企业做好，把身体养好。”身体好了，我们才有精力来管理企业。企业经营好了，也能让我们的身心更加舒适。

如何经营人才、经营人生、经营未来？先生对此有他的一套认知模型和解决方案。它们不一定适合所有的企业主，但是也可以带来一些启发。我们应当明白，企业与人才之间的关系并不是单向的，而是双向互动、相互成就的关系。在我看来，人才是企业发展的基石，人心是团队管理的核心，而未来是人才和企业的共同愿景，将这三者穿成一条线的则是对企业文化的经营，它指向了一个让未来更加清晰美好的蓝图。

经营人才

什么是人才？“人力资源管理之父”戴维·尤里奇给出了一

个公式：人才 = 能力 + 承诺 + 贡献。也就是说，人才是指具有一定的专业知识或专门技能，进行创造性劳动并对社会作出贡献的人。

任正非说，人才不是华为的核心竞争力，对人才进行管理的能力，才是企业的核心竞争力。而对于如何管理人才，京东创始人刘强东则认为需要建立企业文化。关于怎样建立人才体系，阿里巴巴在马云的操刀下，提出了四大法则，即定位法则、导师法则、超前法则、竞聘法则。可以说，成功的企业，都有一套自己的人才理念和人才体系。

人各有所长，人也是分层级的，用对了地方就是人才，摆错了位置就是废材。这个世界没有无用的人，只有用错人的人。为什么《水浒传》中的白胜、时迁等鸡鸣狗盗之辈也能位列梁山好汉一百单八将？这些人的身份、门第、职业、经历，虽然各不相同，但只要量才适用，也能作出独特的贡献。先生说，企业的发展归根结底是人才的发展，如果人才的发展不能与企业同步，那么企业的规模越大，付出的代价也就越高。对于如何用人、识人，先生这样说："力量是人手，能力是人才，能量是人物。"

我们的企业大体也是由人手、人才、人物这三种人构成。只会出力的人，只能算人手，也许他们对企业很忠诚，但是可替代性强，多一个少一个并不影响企业的经营。而有能力的人，具备很强的业务能力，能解决很多关键问题，甚至能够创造性地、超出预期地为企业创造价值，这样的人越多越好，他们是企业的人才。不过，人才也是一把双刃剑，如果他们的价值观与企业价值观不能匹配，那么能力越大，破坏性也就越大。京东创始人刘强东将这些人称为“铁锈”，因为他们口才好，能力突出，但内心对企业价值观是不认可的，所以对团队有很强的腐蚀性。还有一种人，不仅能力强，还很有能量，这样的人能称得上人物。他们身上最大的一个特点，就是让人看到希望。无论海浪有多大，无论黑夜有多深，人物都是引领团队走向光明的灯塔。

对于人才，如何量才为用，先生有一套定位人才的“正”字模型。先生的“正”字模型是一种独特的人才定位方法，能够帮助企业识别、培养和任用合适的人才。这一模型借用了汉字“正”的结构，寓意在不同阶段和层次上识别和利用人才。如下图所示：

1. 贤者居上，仁者寿。“正”字，第一画“横”，对应伍福的“长寿”，寓意长寿是其他一切人生目标和价值的载体，若没有这

一横，“正”字就成了“止”字，其他一切皆无从谈起。一个企业的领导者居于高位，必须高瞻远瞩，对外把握时代趋势，看清市场竞争格局，制定好企业的发展战略；对内则贤良仁厚，管理有方，是企业精神的塑造者。没有贤者和精神指引的企业，是难以获得持续发展的。

2. 能者居中，开天辟地。“正”字，第二画“竖”，像一根顶梁柱，撑起一片天，它对应伍福的“富贵”。所谓能者居中，开天辟地，他们是创造财富的中坚力量，自然就是企业（团队）的大梁，上可以辅佐贤者，下可以身先士卒，独当一面。能者多劳，按照“二八法则”，一个企业能者占据 20% 的比例，却可以创造企业 80% 的价值。一个逃避责任，不承担压力的人，不可能成为“能者”。真正的“能者”与企业价值观高度匹配，与贤者是君臣佐使的关系。

3. 智者居右侧，康宁者连横。“正”字第三画“短横”，对应伍福的“康宁”，此“短横”纵向居中，是贤者的智囊、能者的左膀右臂。所谓连横者，对外善于整合资源，强强联合，为企业发展扫除障碍；对内建言献策，化解矛盾，打造团队的凝聚力。居此位，须内心强大，意志坚忍，处事圆融。

4. 德者居左侧，好德者合纵。“正”字第四画“短竖”，对应伍福的“好德”。顺应自然、社会和事物的客观规律去做事的人为德者。自古德者居左，大德之人亦是大智之人。一个企业的德者，不会斤斤计较，也不看重蝇头小利，对外可以组织弱者合纵，可以成为企业形象的代表；对内可以身体力行，成为团队的表率，懂得吃亏是福。德者宠辱不惊，经得起外界的诱惑，看得清企业的发展方向，因而能成为企业的长期受益者。

5. 工者居下，善始善终。“正”字第五画“长横”，对应伍福的“善终”，此“长横”居下，是最后一笔，寓意漂亮的结尾，就是善终。若没有这一横，“正”字无以立，若没有执行者，任何事情都无法实现善终。所谓“工者”，是指专业的人，在企业中通常是在一线工作的执行者。“工欲善其事，必先利其器”，要成为术业有专攻的人，除了不断地学习，还要不断在实践中总结经验，不断地自我复盘，才能提高解决复杂问题的能力，成为企业的基石。

当然，如何框定人才，还有很多种标准，不同的企业有他们不同的标尺，而“正”字结构的人才识别模型，可以帮我们快速建立对人才的基本判断。对于人才的经营，先生认为要有清晰的人才发展战略和积极的企业文化建设，同时辅以专业的培训和给予发展的机会，并根据企业发展阶段设计合理的激励制度。

先生从《易经·乾卦》中汲取灵感，将人才成长阶段分为六个层次：潜龙、见龙、惕龙、跃龙、飞龙和亢龙。这六个层次分别代表了人才在不同成长阶段的特征和发展路径。如下图所示：

成长阶段	职位	能力要求	赋能方式
潜龙	见习专员	处于学习成长期，才不外露，无人知晓，该阶段脚踏实地、提升能力，积蓄能量。	潜龙勿用：强调学习与成长，提供反馈和指导，鼓励积极参与项目。

续表

成长阶段	职位	能力要求	赋能方式
见龙	专员	才能初显,在团队中取得成绩,绽放光彩,周围人开始称赞。	见龙在田:提供培训,帮助员工提升专业技能,培养领导力潜质。
惕龙	主管	才华显露,不久居人下,同层次的人出现不服,面对使坏、恶意中伤等,要保持警惕,提升人际协调能力。	惕龙无咎:强化领导力、团队协作和解决问题的能力,培养应对挑战的心态。
跃龙	经理	化解同层次员工间的不服心理,赢得人心,当机会出现时,勇于把握转折机遇,成功挑战自己,独当一面。	跃龙在渊:帮助建立领导风格,培养战略思维,加强决策和执行力。
飞龙	总监	在新平台、新岗位上大放异彩,下能引领团队,应对挑战,上能承接新的指标考核,实现更大平台的晋升。	飞龙在天:培养战略眼光,强化跨团队协作,提升影响力和谈判能力。
亢龙	总经理	权势、地位、名望在握,一切以公司稳定、发展为要,竞争主要转向外部,能否把握尺度,不为名利所困,是重中之重。	亢龙有悔:强化领导团队的能力,注重战略规划,培养长远眼光。

先生的“正”字模型和《易经·乾卦》的“人才观”，为企业提供了一种科学、系统且人性化的人才培养与管理方法。这一人才观不仅有助于员工的个人成长，也能够为企业的长期发展和竞争力提升提供有力支持。在这种人才观的指导下，企业能够实现人尽其才，才尽其用，最终达到员工和企业共同发展的目标。

成功的企业家必定是用人的高手，他知道所用之人的能力和潜力，就能让人发挥应有的价值。哪些人是干实事的，哪些人是干虚事的，哪些人是介于虚实之间的，一定要心中有数。无论人才处于哪一个阶段，先生认为每个人都应该认识自身现有状态，通过连续的调整，从工作方式、方法、思想等多个层面予以开拓创新，逐步脱离现有状态，打破已有的躯壳，才能开创自身工作、生活的新境界。

在人才成长的过程中，管理者对企业文化的建设要贯穿始终，这有助于形成共同的价值观和信仰体系，使员工更好地协同工作，共同追求企业的战略目标。先生倡导企业建立一种沟通的文化，唯有如此，人们才更容易相互理解，信息和情感的传输也会更加准确，大家更容易达成共识，从而形成高效的组织模式。这就像我们的工农红军，一个头脑被武装起来的队伍，一群有信仰的战士，即便不能百战百胜，也必定是所向披靡，坚不可摧。

经营人心

有一句古话叫作“得人心者得天下”。这不仅是古代王朝创立者的警训，而且也为我们当今的企业管理提供了深刻的启示。一个卓越的管理者不仅需要拥有战略头脑，更需要懂得经营人心，注重塑造和经营员工的心智，以推动组织的繁荣与稳定。他们不只是企业的领导者，更是心灵的舵手，引领团队穿越风浪，朝着成功的彼岸航行。

汉武帝刘彻明白要想建立强大的帝国，不仅需要军事的胜利，更需要人民的支持。于是，他实行察举贤良的政策，提拔人才，使人才辈出，社会风气宽松。汉武帝的经营人心之策，为大汉帝国奠定了长治久安的基石。唐太宗李世民也是经营人心的高手。

在创业之初，他通过展示个人魅力和影响力，吸引了关中豪杰投奔。他吸纳人才，不拘一格，不看出身，让他盛名在外，使得许多盗贼首领也来归降。在收复降将尉迟敬德时，他展现了一个青年统帅的宽广胸襟和高明手腕，他尊重对方意志，做到了用人不疑，赢得了对方的尊重。可以说，李世民在个人IP、人才任用、人才激励等方面，对人心的巧妙经营，让他获得了强大的人才梯队，为他创业成功打下了基础。

团队如同一个小社会，要稳固如山，就需要领导者懂得经营人心的奥妙。俗话说：不怕贼偷，就怕贼惦记。先生也说，做事看动机，看他的出发点，动机是人心的最初反应，出发点是经过理智思考后的人心定向，二者都是人心的真实反映，而是否有心，初心怎样，则能够决定一个人的作为能否善终。他指出，作为管理者须要深入员工的内心，理解他们的渴望、忧虑，才能引导团队共同奋斗。

近年来，管理学上有一个新词，叫“心灵资本”。在企业管理中，钱并不能解决所有问题，它也不是人才的唯一诉求。而满足感、成就感、幸福感、归属感、正义感，以及感恩之心和帮助他人的愿望，都属于心灵资本的范畴。关注人的心灵，就是关注人内在的价值、动机和成长需要等因素，它们对于让人转化为生产力、创造力极为关键。从这个意义上来说，心灵资本是人才创造财富的源泉。一个心灵富足的人，才会为自己、为企业、为社会创造出更多的财富，实现更多的价值。

成功的企业必须关注人的内心需求，激发每个人的潜力和创造力。日本商业巨匠稻盛和夫曾说："想要赢得值得信赖的伙伴，就必须构筑心心相连的信赖关系。当然，在利益上也需要达成共识，但最根本的还是要抓住人心。"我们知道，稻盛和夫以其深邃的经营哲学和对人心的独到理解而闻名。他创建了两家世界500强企业——京瓷和KDDI，靠的不仅是卓越的商业策略，更是对"经营人心"的深刻洞察。稻盛和夫相信，企业的成功不仅依赖于技术和管理，更在于员工的心态和凝聚力。他提出了"敬天爱人"的理念，强调企业应当尊重自然法则，关爱每一个员工。这种经营人心的智慧，不仅帮助他的企业在竞争中脱颖而出，更为全球企业家提供了宝贵的经验和启示。

在现代管理学的理论中，有一个重要的观念是"情商"，与传统的智商概念相辅相成，情商注重个体对情感的处理与理解。在团队建设中，管理者要善于与团队成员建立情感连接，了解员工的情感需求。这不仅包括工作上的需求，更是关心他们的生活、家庭、个人发展。通过关怀、理解，管理者能够赢得团队成员的信任，形成团队协作的默契。然而，经营人心并非仅仅是言情笔记的情感描写，更是心灵的契约。在这个过程中，管理者须保持敏锐的观察力，捕捉到每一位团队成员的情感波动，透过微妙的关怀和理解，为团队筑起一个共襄的家园。经营人心，不仅是一种管理的智慧，更是对人性尊重的表达，其目的是唤醒团队中每个人内心深处的热忱与潜能。

经营未来

应该说，“以人为本”“敬天爱人”这种理念是稻盛和夫对于经营人心的核心表达，但他不止于此，他对“经营未来”也有深刻思考。“实现目标犹如登山，而能力的提升是一个动态的过程，永远不要让现在的思维限制对未来的思考。”稻盛和夫对未来的认识，包含了对创新、开放、以人为本、长期视野、社会责任和自然法则的深刻理解，也体现了他跨越行业和地域的全球视野。这种跨界思维能够帮助企业在全球化的浪潮中抓住机遇，实现更大的成功。

先生曾说，人口红利的时代已经过去了，未来属于那些有创意、有想法的人。2020 年，马云在接受央视《新闻 1+1》栏目采访时表示，互联网会成为新的基础设施，推动世界经济的发展。然而，不到 3 年，以 ChatGPT、Midjourney 为代表的 AI 大模型横空出世，给我们带来了无限的可能性。

然而，未来究竟是什么？未来的未来还有什么？没有人能说得清。我们固然可以对未来展开美好的想象，但也都知道未来的变化是不可预测的。那些有时代远见的人、在激烈的时代变革中踩对节拍的人，也只能局限于对某一领域或某种周期内的预判，并不是开了上帝视角，洞悉未来。

尽管未来很难预测，但人具有适应变化、快速学习的能力。很多人，包括那些在传统行业取得过成功的企业老板，在面对新事物、新技术、新市场时，表现出各种不适应，总觉得生意不好做了、钱不好赚了，其实问题的关键是大家躺在舒适区中，思维懒惰了，不愿意再学习了。毕竟学习和思考，对大脑来说是一种很大的能量消耗。未来唯一不变的就是变化，在新时代的浪潮中，“脑”的商业文明已经到顶，“心”的商业文明才是真正的未来。一个人只有脑袋没有“心”，遇到挑战和危机，也就跨不过去，最后被时代抛弃。我们可以发现，那些在历史车轮碾压之下拥有强大心劲的人，才能干出一番不同凡响的事业，这种人的未来是不受限的。

在商业和政治的世界中，韩国前总统李明博无疑就是这样一个特殊的存在。他以一位企业家和政治家的双重身份，向我们展示了经营未来的无限可能。李明博的经历告诉我们，人生不要躺平，未来有无限可能。

李明博的故事始于一个并不显赫的起点，他的父亲是一个贫困农民。李明博通过半工半读考入高丽大学，最初作为一名普通职员进入现代建设公司。后来他一步一步，脚踏实地，克服万难，逐渐成长为现代建设公司的总裁，并通过不懈努力将公司发展成为韩国乃至全球知名的建筑巨头。然而，这并不是李明博故事的终点，而是他人生新篇章的起点。之后，他成功转型为一名政治家，从担任首尔市市长，再到后来成为韩国总统，在每一个角色中，李明博都展示了卓越的领导才能和远见卓识。他的经历告诉我们，真正的成功在于不断突破自我，不设限于某个固定的角色或行业，敢于迎接未知的挑战，开辟未来的无限可能。

这一理念也正是华为这样的全球知名企业不断创新、突破自我的核心动力。作为全球领先的信息与通信技术（ICT）解决方案供应商，华为在创新和业务扩展方面一直走在前列。然而，令人瞩目的是，华为至今未选择上市。任正非认为，上市会带来短期利益的压力，可能会束缚公司的长期创新和发展。因此，华为选择了一条独特的发展道路，即通过不断创新和对未来技术的投资，保持企业的核心竞争力和市场领导地位。华为的成功在于其忠于本心，锚定技术路线的发展理念，不被市场的短期波动所牵绊，专注长期的战略布局和创新。

对未来的经营，不仅体现在李明博和华为公司身上，还在许多全球知名企业的成长与转型过程中得到了验证。微软的故事便是一个典型的例子，作为一家最初专注于个人电脑操作系统的软件公司，微软在移动互联网时代面临巨大挑战。然而，微软并没有局限于过去的成功，而是积极向云计算、人工智能等新兴领域转型，成功实现了业务的多元化和再度崛起。

另一个例子是亚马逊。起初，亚马逊只是一家在线书店，但杰夫·贝佐斯从未将公司局限于此。他的愿景是建立“地球上最以客户为中心的企业”，因此亚马逊不断扩展业务范围，从零售到云计算，再到人工智能和娱乐产业，业务版图不断扩大，成为全球最具影响力的科技巨头之一。

在互联网不断变幻“大王旗”的时代，谷歌的转型也极具代表性。从一家搜索引擎公司起家，谷歌通过不断的技术创新和业务拓展，进入了广告、云计算、人工智能、自动驾驶等多个领域。谷歌母公司 Alphabet 的成立，更是标志着其不设限的发展战略，通过结构调整和多元化投资，实现了业务的持续创新和成长。

不设定具体的未来或许才是真正的未来。在企业的发展中，制定具体的目标是日常工作，但更重要的是保持开放的心态和灵活的战略，随时准备迎接新的机遇和挑战。对于个人也是如此，在一个快速变化的时代，固守既定的路径可能会错失更多的发展机会。唯有不断创新，突破自我，才能在激烈的竞争中立于不败之地。

对企业来说，经营未来就是对现有资源进行管理和分配，思考需要整合多少资源去探索和开拓未知的领域。如果还是用老模式、老思维，用以小博大的方式去赌一个未来，这条路根本就走不通。

时代在转型，我们每个人都置身其中，必须面对百年未有之变局和社会转型所带来的内心升级的阵痛。就如先生以前常说的，脑袋是兵器库，心是检索程序。我们应当意识到，“心”的商业文明已经到来，无论是个人还是企业，只有用心、操心、心劲强的领导者，才能充分发挥他们的智慧和决策力，使整个团队向着更加清晰和美好的未来稳健前行；只有不断挑战自我，不设限于既有成就和领域，才能真正掌握未来的发展主动权；只有勇于打破局限，拥抱变化，持续创新，才能在无限的可能中，开创更加辉煌的未来。

因此，经营人才、经营人心、经营未来，不仅是一种管理策略，更是一种对组织价值观和使命的深刻认识，是为了创造一个更加美好、可持续的明天而努力奋斗的过程。

附录一

宋自福先生精彩语录

成长修炼

1. 团队战斗力的形成依靠的是每一位团队成员的互帮互助，相互监督、相互促进，而不是仅仅依靠几个人的聪明智慧。

2. 当一个现象重复出现时，有构想能力的人一定会感受到内在的推动能量，并能够根据这股潜在的能量排兵布阵。

3. 领导力的核心就是用自己的言语、行为来影响别人，如果不能影响别人，也就无领导力可言。

4. 修炼分为内修和外修，内修在气，外修在力，修力易成，修气难为。

5. 企业的领导者非但是这艘船的船长，还要是这艘船的设计师，因为只有设计师才了解这艘船的优缺点，才能驾驭好这艘船。

6. 了解事物发展的过程，比单单了解事物的最终结果对一个人的成长更重要。

7. 每一个人都会经历不同的拐点，这个拐点不分时间、地点，随机出现在你的身边，而你的每一个选择都将决定你以后所走的路。

8. 做工作总结并不是一项工作的最后阶段，从做工作总结中得出新的构想，并从新的构想中取得实际效果、提升自己才是这个工作的最后阶段。

9. 没有融于骨髓的切身修炼，即使侥幸获得了很高的荣誉、过上了富足的生活，也不会长久保持。

10. 人有 90% 的潜力是隐藏、有待开发的，而这些隐藏的潜力蕴含着巨大的智慧与财富，只需一个合适的平台或环境，就可以逐步释放出来。

11. 对于先有鸡还是先有蛋的两难问题，不要局限于一种思维模式，要用纵横的时空观念来整体看待、分析问题，就会有智慧的亮光闪现。

12. 所谓“骆驼团队”，就是要像骆驼一样善于吸收、积累和存储营养，这样才能应对长远的奔波与挑战。

13. “英雄总与寂寞相伴”，其实寂寞又何尝不是内心的修炼，又何尝不是康宁所追求的境界？

14. 太极智慧尽在一个“化”字，化解人与人的矛盾、恩怨，化解自身所处的险境，化解他人遭受的攻讦，美在化形，妙在化心，形与心的结合，就是太极的最高境界。

15. 自我发现，尤其是发现掩藏在表面下的内在真实，是一个人成长的最大秘诀。

16. 成长不一定会成功，但不成长肯定不会成功。所以，成长和成熟的过程比成功要重要。

17. 说服一个人是需要策略的，而选择什么样的策略则取决于自己的能量布局。

18. 一切困境和灾难都是成就你的机会。在逆境中成长，在灾难中浴火重生，都是锻炼你、促使你成长的机会。

19. 人生每个阶段都要学习，学习的四个层次就是：进入、感动、研习、实践。

20. 智慧修炼的第一要义是：观，内观和外观。观表相，明心相，识真相。

21. 聚焦让我们目标明确、能量集中；扩展，让我们眼光长远、格局更大。两者兼备，让我们张弛有度，收放自如。

22. 复盘是将经验转化为能力的过程；复盘的意义在于找到改良工作、创新工作的方法；复盘的关键在于每个人都要有空杯心态，打开盖子，让新鲜的水流进来。

23. 如果在团队中没有学习的榜样，你就不会有对学习的敬畏之心。

24. 把成功的问题交给成长，如果没有成长，成功只是暂时的，真正的内心强大才是成长。

25. 做大事要做好输或赢的准备，做更大的事情时要考虑舍与得，如果都做不到，就简简单单做一个普通人。

26. 我们要懂得运用太极智慧，用两根筋思考问题，学会变通，学会顺势而为。

27. 就像飞翔在天空的鸟儿一样，互联网的“飞”，不是找支点，而是长翅膀。

28. “圣人不治已病治未病。”生命是一场可以控制的紊乱，健康是一种控制力。懂得节制的人，才能真正掌控自己的人生。

29. 链接的动力是“共襄”，链接的价值是超越“拥有”，链接的呈现是“团队”。

30. 越是从利己的动机出发，越不利己；越是从利他的动机出发，反而越利己。

能量加持

1. 我们需要信仰，有了信仰就拥有了战胜一切的伟大意志力，就可以走出艰难的困境，平衡不平的待遇、遭遇，让内心强大无比，进而迸发生命的无限暗能量。

2. 这是一个圆梦的时代，也是一个造梦的时代。造梦者精心编织未来的愿景，让混沌中的人变得清晰；圆梦者细心践行梦想，充分利用现有资源，巧妙布局，让未来的愿景逐步清晰。

3. 在整个生物进化史和社会发展史中，生命无时无刻不在接受来自各方面的挑战，谁能把握面对挑战需要的性格和姿态，谁就能赢得未来。

4. 我们最缺乏的就是一种能够消除怨恨、不平，能够化解矛盾冲突，能够实现人与人和谐相处的精神上的共同信仰，这也就是我们这个时代需要的。

5. 时空营养可以分为横向和纵向，横向是地理时空，纵向是历史时空，一个有能量的人要将地理时空和历史时空结合起来，形成纵横的思维模式，方能纵横捭阖，无往而不利。

6. 和平是时代的主题，但也要铭记过去抗战的耻辱和痛苦，自强自立，让内心强大起来，用自己的能量去开创时代主题下的新视野。

7. 有能量的企业家，在扩大财富的同时，会逐步解放自己，改良自己，用时空的营养观念，看到事业发展的过去、现在和未来，现在就做好未来的部署，让善终的观念贯穿始终。

8. 谷子没有挤压就脱不了壳，成不了米粒，人没有竞争、没有压力就不会打破原有格局脱颖而出。

9. 人的气势强则信心强，信心强则参与竞争的意识强，成功的概率也就越大，而积蓄暗能量则是增加气势的有效法门。

10. 拥有迅速渗透的能量，迅速透过表面渗透到一个人的骨子里，从骨子里影响一个人，是取得成就的有力保障。

11. 训练和打仗哪个重要？训练更重要，因为训练的过程是集聚能量的过程，打仗的过程是展示能量的过程。

12. 有了信仰，心就有了寄托，对周遭的苦难便有了全新的体验，就能认识生命的价值，发挥强大的能量。

13. 心中有根，人就有归属感、主人翁感，会不遗余力地去想、去做，就有成就感！

14. 输人不输阵，讲究的是气势！与人交锋的气势三境界：蓄势待发，引而不发，不发胜发！

15. 文化，不是在给业务涂脂抹粉，做外在装饰，而是内在、附加价值的赋能。

16. 触底才能反弹。如果内心不触底，就永远解决不了内心的虚弱。

17. 很多时候，我们会在死亡里看到自己该如何活。

18. 如果一遇到危险就跑，心肯定得不到成长与锻炼，成长的前提是担当、经历与磨炼，只有这样能量才能得到加持，心才能被唤醒。

19. 老虎是单打独斗，狮子是集体围猎，人类之所以能够掌控世界，主要在于人类的联合作战精神。

20. 人的心智模式是一生取之不尽、用之不竭的能量。

21. 我们的眼睛、皮肤可以沐浴阳光，我们内在的脏器却享受不到阳光，但是我们吃的粮食、蔬菜，是阳光照射过的。

22. 吃学习的饭，赚改变的钱。

23. 要学会让自己沉淀，把看到的、听到的，细细品味，化作自己的一部分，那才是真正属于你的。

24. 人与人的交锋，其实就是气场与气场的切磋，气场输了，人的心志便为对方所控制，也就没有胜利的希望了。

25. 学会让人惦记的同时，也要学会让人忘记，要建立对自己有用的“内存”，记住该记住的，忘记该忘记的，不要浪费宝贵的“内存”，存储无用的冗杂数据。

26. 一个有大能量的人，也必将是一个不怕失败的勇者，有着锲而不舍的精神，为自己设想的愿景制定各种落地实施方案，尝试各种人员布置、资源布局，一而再、再而三地发起冲锋，直到成功。

27. 只有胸怀至广、心灵境界至高的人才能驾驭更大的产业，取得更大的成就，拥有更大的能量；而胸怀狭隘、心灵境界至简的人，只能沦为芸芸众生。

28. 谁能将不同维度的想法、看法结合起来，立体地看待事物，照顾到事物的各个维度，谁就能解决问题。

智慧沙漏

1. 没有经过构想全凭机遇与运气建立起来的事业，是不会长久昌盛的。

2. 太极哲学体系中有黑与白之分，是黑好还是白好呢？其实，黑与白都好，关键在于你能否把握、认识所处的大环境，做到顺势而为。

3. 生命需要呐喊才能迸发最强大的力量，事业需要磨炼才能焕发永久的青春。

4. 要把大量的时间和金钱都花在折腾的过程上，而不是取得的结果上。

5. 金钱并不是人生最终的幸福，良好的心态、德行才是人生最宝贵的幸福。

6. 机会总是有的，只是机会总会伴随磨难一同到来，看似充满磨难的事情，其实换个角度看就是机会。

7. 太极的智慧在于明察矛盾双方，积极调整自身内外状态，改变方向、力度、轨迹，从而达到化解矛盾、阴阳、刚柔、快慢、松紧的和谐统一。

8. 当你纠结时，不要偏于一隅，固守黑或白，其实黑与白本无界限，智慧的成长在于领悟黑与白之间的转化，把握契机，转危为安。

9. 不能令自己或对方开窍、不能令自己或对方获得真理、不能令自己或对方增加智慧的争论是完全没有必要的，那只是在浪费时间，浪费精力，甚至浪费生命。

10. 那些隐藏在你内心的，没有彰显出来的不是你的价值，那只是你的底蕴和潜力。

11. 我们需要的不只是物质的本身，而是物质所具有的某种价值。物质具有的价值往往比物质本身更重要。

12. 明白事物发展的关键点很重要，但能将这些关键点串联起来，做成美丽的项链，并让这些点熠熠生辉的能力更重要。

13. 举一反三、见微知著、告往知来是这个时代人才的必备能力，也是学习力的重要表现。

14. 你在哪儿不重要，你要往哪儿去也不重要，重要的是你思想的方向。

15. 具备太极智慧的人，一定是熟悉各方力量的人，他不会与各方力量正面冲突，而是懂得卸力、御力、借力打力，用柔和的方式让人心悦诚服。

16. 有了自己的角色责任，你就转变了观念，你就有了催生行动的能量。

17. 心在哪里，思想就在哪里；思想在哪里，方向就在哪里；方向在哪里，未来就在哪里。

18. 人才，大体分实、虚和不定三种。实：实事求是，真抓实干，注重规则，严守纪律，从不法外行事；虚：哄着人做事，唬着人做事，用计谋让人做事，言行不一；不定：介于两者之间，摇摆不定！

19. 我们不应该有“螃蟹心理”。螃蟹心理，通常也被称作桶子里的螃蟹，形容“如果我没有，你也不可以有”的心理。

20. 我们应该具备“山顶意识”。在爬山的时候，有些人的目标是山顶，有些人的目标是山腰。当你以山顶为目标的时候，就会一心向上，不会感觉到疲惫；当你以山腰为目标的时候，到达目的地以后就会变得懈怠，没有了激情。人生也是这样，要具备“山顶意识”，时刻鞭策自己不断向前，保持激情与活力。

21. 树木在春天就会发芽，茁壮成长，但树不是一下子长大的，要日积月累。所以，我们不能忽略成长，要不断积累，不断进步。

22. 教育的本质是唤醒，唤醒的核心是成长，成长的方法是积累，积累的标志是胸怀和度量！

23. 当你意识到你没有成长的时候其实你已经在成长了。

24. 不能用手脚的勤快来掩盖思想的懒惰。

25. 我欣赏你的优秀，更欣赏你的改变。

26. 勤于学习的人未必有才能，有才能的人未必明白事理，明白事理的人未必有智慧，有智慧、能处理问题的人未必在正道上。

27. 看得见未必看得清，看得清未必看得懂，看得懂未必看得透，看得透未必看得远，看得远未必看得开。

28. 给我们的人生找个梦想，给梦想找条出路，给出路找个方向。

29. 每帮助别人一次，就相当于给自己的福报账号存下了一笔“定存”。

附录二

宋自福先生书法作品展示

天下第一福——长寿之福

长寿之福，此“福”的字形窄而瘦长，“瘦”与“寿”谐音，寓长寿之意。康熙借用王羲之《兰亭集序》中“寿”字的写法，把“福”“寿”合为一字书写，民间称之为“福中有寿、福寿双全”之福；此福字包含“多子，多才，多田，多寿，多福”之寓意，构思巧妙，堪称天下第一福，即长寿之福。

中华奋斗福——富贵之福

富贵之福，该作品巧妙地将“奋斗”二字融合成“福”，左边“礻”部变体为“斗”字，昂首挺胸；右边“畐”部变体为“奋”字，上不出头。“斗”字高瞻远瞩，“奋”字埋头苦干，形意神相融。该作品既代表奋斗的拼搏精神，又体现奋斗的结果是幸福，寓意幸福生活是通过我们的双手奋斗出来的。

中华养生福——康宁之福

康宁之福，该作品蕴含了养生文化的精髓。左边似一男性打太极，右边似一个葫芦（福禄），又像一个留着发髻的女性在打坐。男左女右，一实一虚，一动一静，正是传统养生的阴阳互补。右边上半部是“69”太极图的变体；下半部是汉字的“九”，九，数之极也，人的胸怀肚量通过修炼可从“一”上升到“九”，寓意“宰相肚里能撑船”。我们可以通过养生福时时对照自己的肚量。

中华智慧福——好德之福

好德之福，该作品以书法形式表现中华民族传统的吃亏是福思想和智慧。左边是“亏”字，右边是张开大口翘起嘴角微笑吃“亏”，下面的×表示吃到肚里把“亏”消化掉，整体构成一个福字，寓意吃亏是福。吃亏会让我们心胸开阔，避免因气生病，正是修炼的过程。

中华孝道福——善终之福

善终之福，该作品左边是个艺术化的孝字，似晚辈抬手在行拱手礼，表示对长辈的尊敬。右半部分下部是两个同心圆，是大圆满和小圆满，逐渐入心，代表了孝道是两代人的圆满人生。对老人来说，子女的孝心是人生的圆满，是获得善终之福的关键；对子女来说，孝敬父母是圆满人生的前提，也是起源于父母的教育；对社会来说，孝道是祖祖辈辈的延续，也是世世代代的循环。

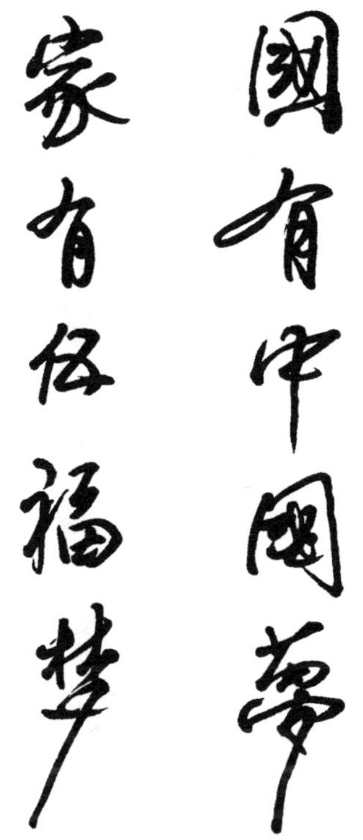

国有中国梦，家有伍福梦

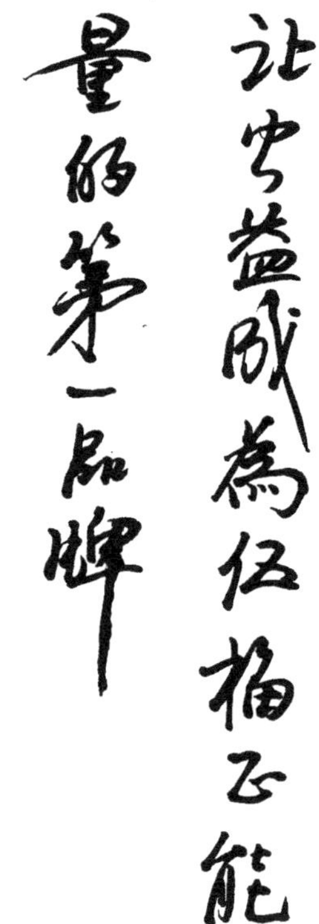

让公益成为伍福正能量的第一品牌

赢在超常思维，学则心路光明

人生易老天難老歲歲重陽今又重陽
戰地黄花分外香一年一度秋風勁不似春
光勝似春光寥廓江天萬里霜
丙申重陽節於北京碧水莊園 自福書

敬录毛泽东词《采桑子 · 重阳》

長壽

宋自福書

宋自福書

康寧

宋自福書

好德

宗自福書

善終

宋自福書

附录三

《伍福梦之歌》歌词及曲谱

作词：宋自福

作曲：张远福

演唱：蒋大为

盘古开天万物生
太极八卦伏羲成
黄帝内经传天下
炎帝神农创农耕

黄河长江入福海
雄伟长城中国龙
文化崛起看东方
伍福临门要传承

长寿富贵有新意
康宁好德修善终
弘扬伍福正能量
天人合一迎宾朋

伍福家园新时代
共商构建伍福命
华夏复兴和平世
融创共圆伍福梦

伍福梦啊，长寿富贵的梦！
伍福梦啊，康宁好德的梦！
伍福梦啊，善始善终的梦！
千年美梦一脉相通，我们心服再启程！

伍福梦之歌

（蒋大为老师首唱）

1=♭A 4/4
中速稍慢 每种88拍

宋自福 词 张远福 曲
宋世友 策划 谢砢以 协调

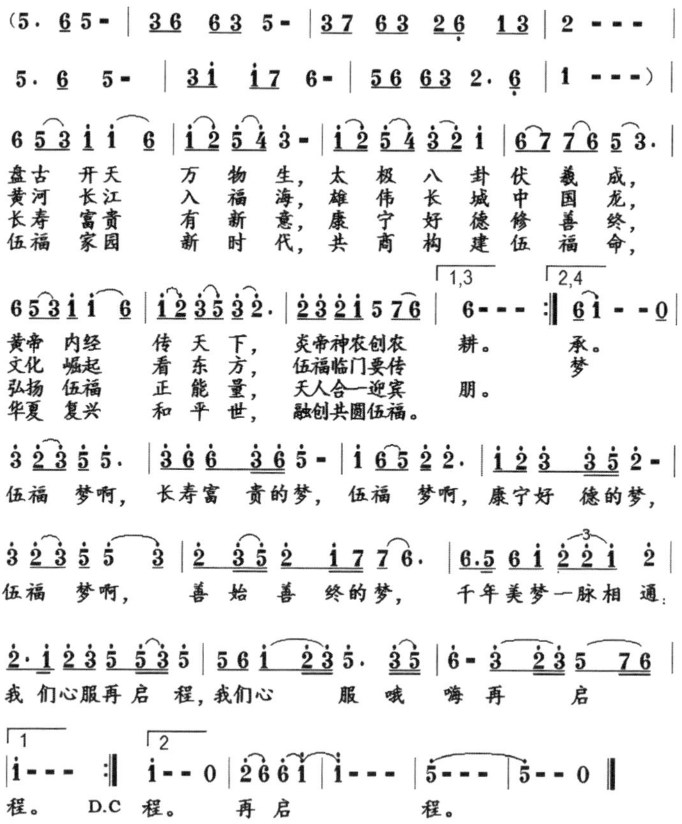

盘古 开天 万 物 生，太 极 八 卦 伏 羲 成，
黄河 长江 入 福 海，雄 伟 长 城 中 国 龙，
长寿 富贵 有 新 意，康 宁 好 德 修 善 终，
伍福 家园 新 时 代，共 商 构 建 伍 福 命，

黄帝 内经 传 天 下，炎帝神农创农 耕。 承。
文化 崛起 看 东 方，伍福临门要传 梦
弘扬 伍福 正 能 量，天人合一迎宾 朋。
华夏 复兴 和 平 世，融创共圆伍福。

伍福 梦啊，长寿富 贵的梦，伍福 梦啊，康宁好 德的梦，

伍福 梦啊，善 始 善 终的梦，千年美梦一脉相 通，

我 们心服再启 程，我们心 服 哦 嗨 再 启

程。 D.C 程。 再 启 程。

后记

由于自己资历尚浅，学识有限，对先生伍福文化思想的解读，只能算是管窥之见、一家之言。本书的书名《福问》，是先生在世时定下来的。原本他计划亲自来写这本书，但他生前一直不停地思考和到处演讲，每天行程安排得很满，没有大块的时间来整理自己的思想。另外，他喜欢交流，并且善于从别人那里吸收深刻的观点，来完善他对“伍福文化”思考。

故而，留下大量的精彩语录和演讲材料，只是许多内容在不断优化和迭代，他自己对以前讲的观点也在不断地推翻和修正。如果不是跟随他一路走来，在阅读他不同时期的演讲记录时，我们会发现很多前后矛盾的地方，或者会认为许多自创的名词令人费解。先生独创概念如“非病健康”“大营养观”“创康”“债责”“共襄”“伍价”等，我们必须在他的语境当中，才能读得懂。

我在读康德、尼采、海德格尔的著作时，也遇到过类似的困境。比如康德的“物自体”、尼采的“超人”、海德格尔的“四重性”，他们为了解释某种创见，会创造出一些新词，这些都不是日常用语。有时候我会想，先生在伍福的文化疆域中呕心沥血地开垦精神的家园，万一他的付出在岁月的尘埃中无迹可寻，岂不是枉为此生？见他躬身入局，孜孜不倦，几乎耗费了全部的精力，我又怎能任由这份精神财富付诸东流？

历史上有很多大人物，比如孔子、慧能、王阳明等，尽管他们在生前没有整理自己的思想学说，但是我们看到的《论语》《坛经》《传习录》等古籍，最终都由他们的弟子根据口授的笔记付梓成书。当然，先生也有自知之明，他生前没有出书，也是认为自己思考得还不够成熟。不是说先生的思想，可以与震古烁今的先贤相提并论，我只是觉得我不写这本书，就更难有人可以与之共鸣。

先生曾经表达过这样一个意思，他比较在乎一种“场”的能量，每一次演讲都有特定的“场”，他的演讲是因“场”而生的。我跟随在先生身边，对此深有感触。他在任何场合的讲话和演讲，都没有准备过草稿，往往打下腹稿，上台即兴发挥，出口成章，常常金句频出，发人深省。他觉得，表达一旦变为文字，就缺少了“场”的加持，它的能量就减弱了，读者朋友也没有身临其境的感觉。这也是他没有将他的思想整理成书的重要原因。

怀着对先生的缅怀之情，他的壮志未竟之遗憾，牵引着我的拳拳之心。“伍福”应当传承下去，哪怕只是给我和孩子们的一种纪念，我也要把先生对人生的思考留存下来。宋自福既是我的丈夫，也是我的老师，我们既有夫妻之情，又有师生之谊。一路走来，他的音容宛在，他的教诲终生难忘。这也是我鼓起勇气，心无挂碍，撰写本书的初心。

本书从人生何求开始发问，探寻了五福的渊源和发展，追溯了“伍福”的发端与奥秘，从生命价值和人生智慧两个层面，阐释了宋自福先生对“伍福文化”的思考。其实人生的谜团都是“心”的问题，这也是古往今来的思想家都想解决的问题。每个时代都有时代的问题，每个时代的人也都有局限性。我不敢说宋自福的“伍福观”能给当代人的精神家园开辟出一条新的路径，但是他终其一生都在探索。如果本书有一两句话，可以给读者一点启发和指引，我觉得先生就不负平生所学了。

历时 18 个月,《福问：成就伍福人生的智慧书》这本书终于完成了。我要感谢“伍福梦”公众号的编辑团队和摄像团队，如果不是他们记录了宋自福生前的文字和影像资料,《福问：成就伍福人生的智慧书》这本书也无从写起。这是一个艰巨的任务，在我撰写的过程中，前同事王建成、金菊尽心尽力，帮我整理了数以百万计的文字素材，并加以编辑和校对，减轻了我不少工作负担。我要感谢先生的朋友陈复尘、李云飞、师云峰，不胜其烦地为我解答对于先生诸多概念的不解之处。我还要感谢东方出版社的张永俊老师及其团队，他们为本书提出了宝贵的编辑建议，使得本书在体例、行文、表达上更加规范，让我获益匪浅。

在此感谢所有与宋自福相识相知的朋友，祝福你们伍福临门！

朱亚方

2024 年 9 月 19 日于北京